한자능력 검정시험

기출·예상문제집
한국어문회가 직접 발간한 문제집

6급Ⅱ

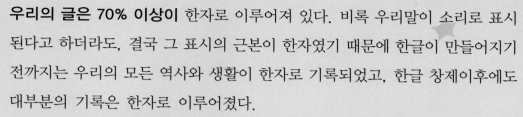

머리말

우리의 글은 70% 이상이 한자로 이루어져 있다. 비록 우리말이 소리로 표시되다고 하더라도, 결국 그 표시의 근본이 한자였기 때문에 한글이 만들어지기 전까지는 우리의 모든 역사와 생활이 한자로 기록되었고, 한글 창제이후에도 대부분의 기록은 한자로 이루어졌다.

따라서 우리의 학문, 역사, 민속 등 모든 문화유산은 한자를 모르고는 정확히 이해할 수 없으며, 무엇보다 지금 당장의 생활과 공부를 위해서도 한자가 필요한 것이다.

그 동안 어문교육에 대한 이견으로 한자 교육의 방향성이 중심을 잡지 못하고 표류하였으나 아무리 한글전용이 기본이고 어려운 한자어를 우리말로 바꾸는 작업을 꾸준히 한다 하더라도 눈앞에 문장을 이해하지 못하고 어쩔 수 없이 사교육의 영역에서 한자를 공부하는 현실을 부인할 수 없는 것이다. 공교육의 영역에서 충실한 한자교육이 이루어지지 못하는 지금의 상황에서는 한자학습의 주요한 동기부여수단의 하나인 동시에 학습결과도 확인해볼 수 있는 한자능력검정시험의 역할이 더욱 중요하기 때문에, 우선적으로 시험을 위한 문제집으로서 이 책을 출간하게 되었다. 한자공부가 어렵게만 느껴지는 분들에게 이 책이 충분히 도움이 될 것으로 믿으며, 한자학습을 지도하는 부모님들이나 선생님들의 부담도 덜어줄 것이라고 감히 추천하는 바이다.

이 책의 구성

- 출제유형 및 합격기준
- 출제유형분석 – 학습이나 지도의 가이드라인을 제시
- 배정한자 및 사자성어 수록
- 반대자
- 유의자
- 약자
- 예상문제 – 기출문제분석에 의한 배정한자의 문제화
- 실제시험답안지 – 회별로 구성
- 최근 기출문제 8회분 수록

이 책이 여러분들의 한자실력향상에 도움이 되기를 바란다.

편저자 씀

한자능력시험 급수별 출제유형

구 분	특급	특급II	1급	2급	3급	3급II	4급	4급II	5급	5급II	6급	6급II	7급	7급II	8급
읽기 배정 한자	5,978	4,918	3,500	2,355	1,817	1,500	1,000	750	500	400	300	225	150	100	50
쓰기 배정 한자	3,500	2,355	2,005	1,817	1,000	750	500	400	300	225	150	50	0	0	0
독 음	45	45	50	45	45	45	32	35	35	35	33	32	32	22	24
한자 쓰기	40	40	40	30	30	30	20	20	20	20	20	10	0	0	0
훈 음	27	27	32	27	27	27	22	22	23	23	22	29	30	30	24
완성형[성어]	10	10	15	10	10	10	5	5	4	4	3	2	2	2	0
반의어	10	10	10	10	10	10	3	3	3	3	3	2	2	2	0
뜻풀이	5	5	10	5	5	5	3	3	3	3	2	2	2	2	0
동음이의어	10	10	10	5	5	5	3	3	3	3	2	0	0	0	0
부 수	10	10	10	5	5	5	3	3	0	0	0	0	0	0	0
동의어	10	10	10	5	5	5	3	3	3	3	2	0	0	0	0
장단음	10	10	10	5	5	5	3	0	0	0	0	0	0	0	0
약 자	3	3	3	3	3	3	3	3	3	3	0	0	0	0	0
필 순	0	0	0	0	0	0	0	0	3	3	3	3	2	2	2
한 문	20	20	0	0	0	0	0	0	0	0	0	0	0	0	0

▶ 상위급수 한자는 모두 하위급수 한자를 포함하고 있습니다.
▶ 쓰기 배정 한자는 한두 급수 아래의 읽기 배정한자이거나 그 범위 내에 있습니다.
▶ 출제유형표는 기본지침자료로서, 출제자의 의도에 따라 차이가 있을 수 있습니다.
▶ 공인급수는 교육과학기술부로부터 국가공인자격 승인을 받은 특급·특급II·1급·2급·3급·3급II이며, 교육급수는 한국한자능력검정회에서 시행하는 민간자격인 4급·4급II·5급·5급II·6급·6급II·7급·7급II·8급입니다.
▶ 5급II·7급II는 신설 급수로 2010년 11월 13일 시험부터 적용됩니다.
▶ 6급II 읽기 배정한자는 2010년 11월 13일 시험부터 300자에서 225자로 조정됩니다.

한자능력검정시험 합격기준

구 분	특급	특급II	1급	2급	3급	3급II	4급	4급II	5급	5급II	6급	6급II	7급	7급II	8급
출제문항수	200	200	200	150	150	150	100	100	100	100	90	80	70	60	50
합격문항수	160	160	160	105	105	105	70	70	70	70	63	56	49	42	35
시험시간	100분	100분	90분	60분	60분	60분	50분	50분	50분	50분	50분	50분	50분	50분	50분

▶ 특급, 특급II, 1급은 출제 문항수의 80% 이상, 2급~8급은 70% 이상 득점하면 합격입니다.

차 례

6급   예상문제

6급   기출문제

유형분석(類型分析)

➜ 기출문제의 유형들을 분석하여 실제문제에 완벽히 대비할 수 있도록 하였습니다.

6級Ⅱ에서는 7級과 달리 한자어의 讀音(독음), 한자의 訓音(훈음), 筆順(필순), 한자어 등의 빈칸을 메워 완성하는 문제, 뜻이 반대되는 글자나 단어를 지문에서 찾아내는 문제, 한자어의 뜻을 풀이하는 문제 외에 한자나 한자어를 직접 쓰는 문제가 출현하며, 총 80문제가 출제된다.

우선 정해진 배정한자 225자 낱글자의 훈음과 쓰는 순서를 모두 익힌 뒤에 그 글자들이 어울려 만들어내는 한자어의 독음과 뜻을 학습하여야 한다. 그리고 반대자[뜻이 반대인 글자], 반대어[뜻이 반대인 한자어]의 개념도 학습하여야 한다. 한자 쓰기는 6級Ⅱ에서는 8급에서 익혔던 50자 범위 내의 한자어 중 많이 쓰이는 중요한 것은 모두 읽고 쓸 줄 알아야 한다.

시험에서 중요한 사항은 우선 출제자가 요구하는 답이 무엇인지 질문을 통해 확인하여야 한다. 기출문제를 풀어보면 알 수 있지만 대개 질문은 회차에 무관하게 각 급수별로 일정한 유형으로 정해져 있다. 따라서 기출문제를 통하여 질문에 익숙해져야 한다.

1 한자어의 讀音 문제는 대개 지문과 함께 한자어가 제시된다.

> **다음 밑줄 친 漢字語의 讀音을 쓰세요. (1~5)**
>
> | 예 | 漢字 → 한자 |
>
> 1 사람은 말을 할 줄 아는 <u>動物</u>이다.
> 2 상황이 우리 편에게 <u>有利</u>해 졌다.
> 3 우리나라는 <u>天然</u>자원이 부족하다.
> 4 이 일은 <u>老少</u> 누구나 할 수 있다.
> 5 이것은 기침에 잘 듣는 <u>藥草</u>다.

유형해설

기본적으로 한자 낱글자의 소리를 알고 있으면 답할 수 있다. 다만 두음법칙, 속음 등에 주의하면 된다. 위의 문장의 '老少'의 경우 답안지에는 '노소'로 적어야 한다. '로소'로 적으면 틀린 답이 된다. '老'는 본래 소리가 '로'이지만 국어에는 두음법칙이 있어 첫소리에 'ㄹ'이 오는 것을 꺼리므로 '노'로 하여야 한다. 물론 한자어가 '長老'로 '老'가 뒤에 온다면 '장로'로 정상적으로 '로'로 답하면 된다. 또 '十月'의 경우 답안지에는 '시월'로 적어야 하며, '십월'로 적으면 틀린 답이 된다. 속음이라 하여 국어에는 한국인이 소리내기 쉽게 한자음이 바뀌는 경우 등이 발생하며 이런 때는 바뀐 한자 소리를 우선하여야 한다. 이런 한자어들은 사례가 많지 않으므로 기본 지침서를 활용하여 익혀두면 된다.

2 한자의 訓(훈 : 뜻)과 음 문제는 대개 다음과 같다.

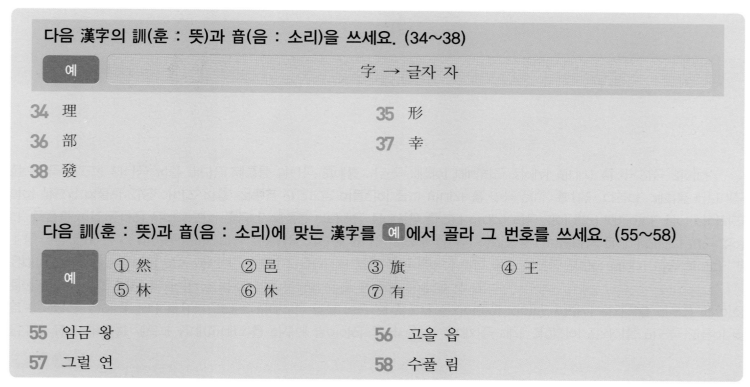

다음 漢字의 訓(훈 : 뜻)과 음(음 : 소리)을 쓰세요. (34~38)

예   字 → 글자 자

34 理	35 形
36 部	37 幸
38 發	

다음 訓(훈 : 뜻)과 음(음 : 소리)에 맞는 漢字를 예에서 골라 그 번호를 쓰세요. (55~58)

예 ① 然 ② 邑 ③ 旗 ④ 王
    ⑤ 林 ⑥ 休 ⑦ 有

| 55 임금 왕 | 56 고을 읍 |
| 57 그릴 연 | 58 수풀 림 |

유 형 해 설

위의 訓(훈 : 뜻)과 음 문제는 한자 낱글자의 뜻과 소리를 알고 있으면 풀 수 있는 문제들이다.

3 한자의 筆順(필순 : 한자 낱글자의 쓰는 순서) 문제는 8급 · 7급Ⅱ · 7급과 마찬가지로 한자 낱글자의 쓰는 순서를 알고 있으면 풀 수 있다.

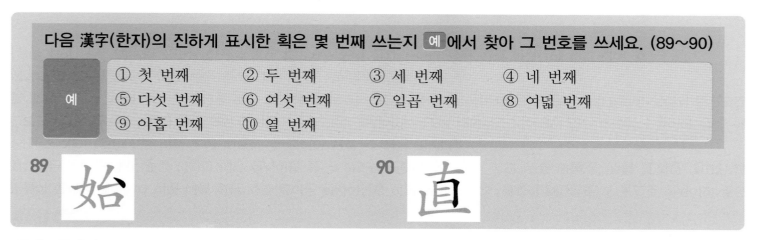

다음 漢字(한자)의 진하게 표시한 획은 몇 번째 쓰는지 예에서 찾아 그 번호를 쓰세요. (89~90)

예 ① 첫 번째 ② 두 번째 ③ 세 번째 ④ 네 번째
    ⑤ 다섯 번째 ⑥ 여섯 번째 ⑦ 일곱 번째 ⑧ 여덟 번째
    ⑨ 아홉 번째 ⑩ 열 번째

89 始   90 直

유 형 해 설

위의 문제처럼 대개 특정 획을 지정하여 몇 번째 쓰는 획인지를 물어보므로 한자 낱글자의 쓰는 순서를 평소에 익혀둔다면 무리 없이 답할 수 있다. 참고로 획수와 번호는 서로 일치되게 하였으므로 번호를 고를 때는 해당 획수와 일치하는 번호를 고르면 된다. 예로 다섯 번째 획이면 ⑤번을 고르면 된다.

④ 한자어의 뜻풀이 문제는 대개 다음과 같다.

[유형 1] 다음 뜻을 가진 단어를 쓰세요. (86~87)

예	쉬는 날 → 휴일

86 푸른 하늘 → (   )   87 한 해의 반 → (   )

[유형 2] 다음 漢字語의 알맞은 뜻을 쓰세요. (76~77)

76 道內   77 成功

유형해설

뜻풀이 문제는 배정한자 범위 내에 있는 자주 쓰이는 한자어들을 익혀 두어야 한다. 한자의 訓(훈;뜻)과 음으로 한자어의 뜻을 짐작하는 훈련을 하고, 뜻을 가지고 해당 한자어를 쓸 수 있도록 연습하여야 한다. 위의 '푸른 하늘'은 '푸를 청'자인 '청(靑)'과 '하늘 천'자인 '천(天)'을 머리 속에 떠올릴 수 있어야 답할 수 있는 것이다.

그리고 한자어는 순우리말과 풀이 순서가 다를 수 있으므로 한자어의 구조에 대하여도 기본적인 것은 학습하여 두어야 한다. 예로 成功은 보통 '이룰 성, 공 공'으로 익혀 成功을 '이룬 공' 등으로 풀이하기 쉬운데, 뜻이 달라지거나 말이 통하지 않으므로 뒤부터 풀이하여 '공을 이루다'라는 뜻이 드러나도록 표현하여야 한다.

[유형 1]의 경우, 漢字로 쓰라는 단서가 없는 경우에는 쓰기 한자가 아닐 수가 있고 한글로만 써도 답이 될 수 있다.

⑤ 상대어(반대어) 문제는 대개 상대(반대)되는 뜻을 지닌 한자를 찾아내는 형태이다.

뜻이 서로 반대되는 漢字를 예에서 골라 번호를 쓰세요. (65~66)

예	① 上	② 來	③ 川	④ 秋

65 下   66 春

유형해설

평소에 상대(반대)의 개념과 상대(반대)자를 학습해 두어야만 풀 수 있다. 반대자는 대개 결합되어 한자어를 만드는 것들이 주로 출제된다. 위의 上下나 春秋는 그대로 반대되는 뜻을 지닌 채 결합한 한자어들인 것이다. 따라서 한자어를 학습할 때 이런 점에 관심을 두고 이런 한자어들을 따로 추려 공부해 두면 문제를 쉽게 풀 수 있다.

상대(반대)는 완전히 다른 것은 아니다. 비교의 기준으로서 같은 점이 있어야 하고 하나 이상은 달라야 반대가 되는 것이다. 上下를 예로 들면 둘 다 방향을 나타낸다는 점에서는 같으나 하나는 위쪽을 하나는 아래쪽을 나타낸다는 점에서 반대가 되는 것이다. 春夏를 예로 든다면 반대가 되지 않는다. 계절을 나타내는 점에서는 같으나 반대가 되는 것이 없기 때문이다. 봄이 아니라고 하여 반드시 여름인 것은 아니고 가을, 겨울도 있으므로 여름만이 봄의 반대가 될 수는 없다. 春秋는 다르다. 계절을 나타내는 점에서는 같으나 하나는 씨를 뿌리는 계절을 하나는 열매를 거두는 계절이 대비되는 점에서 반대가 될 수 있는 것이다.

❻ 완성형 문제는 대개 사자성어 등의 한 글자 정도를 비워 놓고 채워 넣을 수 있는 지를 검정하는 문제가 출제된다.

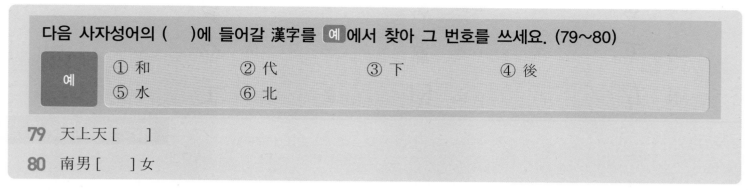

다음 사자성어의 ( )에 들어갈 漢字를 예에서 찾아 그 번호를 쓰세요. (79~80)

예
① 和　　② 代　　③ 下　　④ 後
⑤ 水　　⑥ 北

79 天上天 [　]
80 南男 [　] 女

유형해설

배정한자 범위내의 자주 쓰이는 사자성어 등은 별도로 익혀두는 것이 좋다.

❼ 한자어를 쓰는 문제는 대개 맞는 한자어를 바로 머리에 떠올릴 수 있도록 지문이 주어진다.

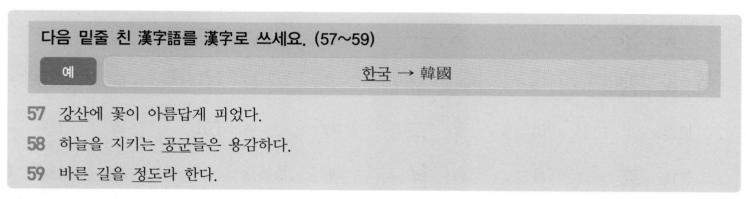

다음 밑줄 친 漢字語를 漢字로 쓰세요. (57~59)

예　　　　　　　　　　　한국 → 韓國

57 강산에 꽃이 아름답게 피었다.
58 하늘을 지키는 공군들은 용감하다.
59 바른 길을 정도라 한다.

유형해설

한자어를 쓰는 문제는 한자 능력을 종합적으로 검정하는 문제라고 할 수 있다. 평소에 익힌 한자와 한자어를 여러 번 써 보고 뜻을 익히는 일을 게을리 하지 말아야 한다.

배정한자(配定漢字)

8급~6급Ⅱ(225자)

한자음 뒤에 나오는 ":"는 장음 표시입니다. "(:)"는 장단음 모두 사용되는 한자이며, ":"나 "(:)"이 없는 한자는 단음으로만 쓰입니다.

8급 배정한자(50자)

教	가르칠	교:	母	어미	모:	小	작을	소:	中	가운데	중
校	학교	교:	木	나무	목	水	물	수	青	푸를	청
九	아홉	구	門	문	문	室	집	실	寸	마디	촌:
國	나라	국	民	백성	민	十	열	십	七	일곱	칠
軍	군사	군	白	흰	백	五	다섯	오:	土	흙	토
金	쇠	금	父	아비	부	王	임금	왕	八	여덟	팔
	성(姓)	김	北	북녘	북	外	바깥	외:	學	배울	학
南	남녘	남		달아날	배:	月	달	월	韓	한국	한(:)
女	계집	녀	四	넉	사:	二	두	이:		나라	한(:)
年	해	년	山	메	산	人	사람	인	兄	형	형
大	큰	대(:)	三	석	삼	一	한	일	火	불	화(:)
東	동녘	동	生	날	생	日	날	일			
六	여섯	륙	西	서녘	서	長	긴	장(:)			
萬	일만	만:	先	먼저	선	弟	아우	제:			

☑ 8급 배정한자는 모두 50자로, 읽기 50자이며, 쓰기 배정한자는 없습니다. 가장 기초적인 한자들로 꼭 익혀 둡시다.

7급Ⅱ 배정한자(50자)

家	집	가	工	장인	공	內	안	내:	力	힘	력
間	사이	간(:)	空	빌	공	農	농사	농	立	설	립
江	강	강	氣	기운	기	答	대답	답	每	매양	매(:)
車	수레	거	記	기록할	기	道	길	도:	名	이름	명
	수레	차	男	사내	남	動	움직일	동:	物	물건	물

方	모(稜)	방	食	밥	식	全	온전	전	漢	한수	한:
不	아닐	불		먹을	식	前	앞	전		한나라	한:
事	일	사:	安	편안	안	電	번개	전:	海	바다	해:
上	윗	상:	午	낮	오:	正	바를	정(:)	話	말씀	화
姓	성	성:	右	오를	우:	足	발	족	活	살	활
世	인간	세:		오른(쪽)	우:	左	왼	좌:	孝	효도	효:
手	손	수:	子	아들	자	直	곧을	직	後	뒤	후:
市	저자	시:	自	스스로	자	平	평평할	평			
時	때	시	場	마당	장	下	아래	하:			

☑ 7급Ⅱ 배정한자는 모두 100자로, 8급 배정한자(50자)를 제외한 50자만을 담았습니다. 8급과 마찬가지로 쓰기 배정한자는 없습니다.

7급 배정한자(50자)

歌	노래	가	面	낯	면:	植	심을	식	住	살	주:
口	입	구(:)	命	목숨	명:	心	마음	심	重	무거울	중:
旗	기	기	問	물을	문:	語	말씀	어:	地	따	지
冬	겨울	동(:)	文	글월	문	然	그럴	연	紙	종이	지
同	한가지	동	百	일백	백	有	있을	유:	千	일천	천
洞	골	동:	夫	지아비	부	育	기를	육	天	하늘	천
	밝을	통:	算	셈	산:	邑	고을	읍	川	내	천
登	오를	등	色	빛	색	入	들	입	草	풀	초
來	올	래(:)	夕	저녁	석	字	글자	자	村	마을	촌:
老	늙을	로:	少	적을	소:	祖	할아비	조	秋	가을	추
里	마을	리:	所	바	소:	主	임금	주	春	봄	춘
林	수풀	림	數	셈	수:		주인	주	出	날(生)	출

便	편할	편(:)	夏	여름	하:	休	쉴	휴
	똥오줌	변	花	꽃	화			

☑ 7급 배정한자는 모두 150자로, 7급Ⅱ 배정한자(100자)를 제외한 50자만을 담았습니다. 8급, 7급Ⅱ와 마찬가지로 쓰기 배정한자는 없습니다.

6급Ⅱ 배정한자(75자)

各	각각	각	讀	구절	두	線	줄	선	意	뜻	의:
角	뿔	각	童	아이	동(:)	雪	눈	설	作	지을	작
界	지경	계:	等	무리	등:	成	이룰	성	昨	어제	작
計	셀	계:	樂	즐길	락	省	살필	성	才	재주	재
高	높을	고		노래	악		덜	생	戰	싸움	전:
公	공평할	공		좋아할	요	消	사라질	소	庭	뜰	정
共	한가지	공:	利	이할	리:	術	재주	술	第	차례	제:
功	공(勳)	공	理	다스릴	리:	始	비로소	시:	題	제목	제
果	실과	과:	明	밝을	명	信	믿을	신:	注	부을	주:
科	과목	과	聞	들을	문(:)	新	새	신	集	모을	집
光	빛	광	半	반(半)	반:	神	귀신	신	窓	창	창
球	공	구	反	돌이킬	반:	身	몸	신	淸	맑을	청
今	이제	금		돌아올	반:	弱	약할	약	體	몸	체
急	급할	급	班	나눌	반	藥	약	약	表	겉	표
短	짧을	단(:)	發	필	발	業	업	업	風	바람	풍
堂	집	당	放	놓을	방(:)	勇	날랠	용:	幸	다행	행:
代	대신할	대:	部	떼	부	用	쓸	용:	現	나타날	현:
對	대할	대:	分	나눌	분(:)	運	옮길	운:	形	모양	형
圖	그림	도	社	모일	사	音	소리	음	和	화할	화
讀	읽을	독	書	글	서	飮	마실	음(:)	會	모일	회:

☑ 6급Ⅱ 배정한자는 모두 225자로, 7급 배정한자(150자)를 제외한 75자만을 담았습니다. 쓰기 배정한자 8급 50자입니다.

사자성어(四字成語)

8급 사자성어

國民年金
나라 국 백성 민 해 년 쇠 금
일정 기간 또는 죽을 때까지 해마다 지급되는 일정액의 돈 (국민연금)

父母兄弟
아비 부 어미 모 형 형 아우 제
아버지·어머니·형·아우라는 뜻으로, 가족을 이르는 말

生年月日
날 생 해 년 달 월 날 일
태어난 해와 달과 날

大韓民國
큰 대 한나라 한 백성 민 나라 국
우리나라의 국호(나라이름)

三三五五
석 삼 석 삼 다섯 오 다섯 오
서너 사람 또는 대여섯 사람이 떼를 지어 다니거나 무슨 일을 함

十中八九
열 십 가운데 중 여덟 팔 아홉 구
열 가운데 여덟이나 아홉 정도로 거의 대부분이거나 거의 틀림 없음

東西南北
동녘 동 서녘 서 남녘 남 북녘 북
동쪽·서쪽·남쪽·북쪽이라는 뜻으로, 모든 방향을 이르는 말

7급 II 사자성어

南男北女
남녘 남 사내 남 북녘 북 계집 녀
우리나라에서, 남자는 남쪽 지방 사람이 잘나고 여자는 북쪽 지방 사람이 고움을 이르는 말

上下左右
윗 상 아래 하 왼 좌 오른 우
위·아래·왼쪽·오른쪽을 이르는 말로, 모든 방향을 이름

土木工事
흙 토 나무 목 장인 공 일 사
땅과 하천 따위를 고쳐 만드는 공사

四方八方
넉 사 모 방 여덟 팔 모 방
여기저기 모든 방향이나 방면

世上萬事
인간 세 윗 상 일만 만 일 사
세상에서 일어나는 온갖 일

八道江山
여덟 팔 길 도 강 강 메 산
팔도의 강산이라는 뜻으로, 우리나라 전체의 강산을 이르는 말

四海兄弟
넉 사 바다 해 형 형 아우 제
온 세상 사람이 모두 형제와 같다는 뜻으로, 친밀함을 이르는 말

人山人海
사람 인 메 산 사람 인 바다 해
사람이 수없이 많이 모인 상태를 이르는 말

7급 사자성어

男女老少
사내 남 계집 녀 늙을 로 적을 소
남자와 여자, 나이 든 사람과 젊은 사람이란 뜻으로 모든 사람을 이르는 말 (남녀노소)

百萬大軍
일백 백 일만 만 큰 대 군사 군
아주 많은 병사로 조직된 군대를 이르는 말

月下老人
달 월 아래 하 늙을 로 사람 인
부부의 인연을 맺어 준다는 전설상의 노인 (월하노인)

男中一色
사내 남 가운데 중 한 일 빛 색
남자의 얼굴이 썩 뛰어나게 잘 생김

不老長生
아닐 불 늙을 로 긴 장 날 생
늙지 아니하고 오래 삶

二八靑春
두 이 여덟 팔 푸를 청 봄 춘
16세 무렵의 꽃다운 청춘

東問西答
동녘 동 물을 문 서녘 서 대답 답
물음과는 전혀 상관없는 엉뚱한 대답

不立文字
아닐 불 설 립 글월 문 글자 자
불도의 깨달음은 마음에서 마음으로 전하는 것이므로 말이나 글에 의지하지 않는다는 말

一問一答
한 일 물을 문 한 일 대답 답
한 번 물음에 한 번 대답함

萬里長天
일만 만 마을 리 긴 장 하늘 천
아득히 높고 먼 하늘

山川草木
메 산 내 천 풀 초 나무 목
산과 내와 풀과 나무, 곧 자연을 이르는 말

一日三秋
한 일 날 일 석 삼 가을 추
하루가 삼 년 같다는 뜻으로, 몹시 애태우며 기다림을 이르는 말

名山大川
이름 명 메 산 큰 대 내 천
이름난 산과 큰 내

安心立命
편안 안 마음 심 설 립 목숨 명
하찮은 일에 흔들리지 않는 경지 (안심입명)

自問自答
스스로 자 물을 문 스스로 자 대답 답
스스로 묻고 스스로 대답함

自 生 植 物	산이나 들, 강이나 바다에서
스스로 자 날 생 심을 식 물건 물	저절로 나는 식물

地 上 天 國	이 세상에서 이룩되는 다시 없
따 지 윗 상 하늘 천 나라 국	이 자유롭고 풍족하며 행복한 사회

草 食 動 物	풀을 주로 먹고 사는 동물
풀 초 먹을 식 움직일 동 물건 물	

全 心 全 力	온 마음과 온 힘
온전 전 마음 심 온전 전 힘 력	

靑 天 白 日	하늘이 맑게 갠 대낮
푸를 청 하늘 천 흰 백 날 일	

春 夏 秋 冬	봄·여름·가을·겨울의
봄 춘 여름 하 가을 추 겨울 동	사계절

6급 Ⅱ 사자성어

家 內 工 業	집안에서 단순한 기술과 도구
집 가 안 내 장인 공 업 업	로써 작은 규모로 생산하는 수공업

百 發 百 中	백 번 쏘아 백 번 맞힌다는 뜻
일백 백 필 발 일백 백 가운데 중	으로, 총이나 활 따위를 쏠 때마다 겨눈 곳에 다 맞음을 이르는 말

一 心 同 體	한마음 한 몸이라는 뜻으로,
한 일 마음 심 한가지 동 몸 체	서로 굳게 결합함을 이르는 말

家 庭 敎 育	가정의 일상생활 가운데 집안
집 가 뜰 정 가르칠 교 기를 육	어른들이 자녀들에게 주는 영향이나 가르침

四 面 春 風	누구에게나 좋게 대하는 일
넉 사 낯 면 봄 춘 바람 풍	

一 日 三 省	하루에 세 가지 일로 자신을 되
한 일 날 일 석 삼 살필 성	돌아보고 살핌

各 人 各 色	사람마다 각기 다름
각각 각 사람 인 각각 각 빛 색	

山 戰 水 戰	세상의 온갖 고생과 어려움을
메 산 싸움 전 물 수 싸움 전	다 겪었음을 이르는 말

一 長 一 短	일면의 장점과 다른 일면의 단
한 일 긴 장 한 일 짧을 단	점을 통틀어 이르는 말

各 自 圖 生	제각기 살아 나갈 방법을
각각 각 스스로 자 그림 도 날 생	꾀함

三 十 六 計	서른여섯 가지의 꾀, 많은 모계
석 삼 열 십 여섯 륙 셀 계	(謀計)의 이름 (삼십육계)

自 手 成 家	물려받은 재산이 없이 자기 혼
스스로 자 손 수 이룰 성 집 가	자의 힘으로 집안을 일으키고 재산을 모음

高 等 動 物	복잡한 체제를 갖춘 동물
높을 고 무리 등 움직일 동 물건 물	

世 界 平 和	전 세계가 평온하고 화목함
인간 세 지경 계 평평할 평 화할 화	

天 下 第 一	세상에 견줄 만한 것이 없이 최
하늘 천 아래 하 차례 제 한 일	고임

公 明 正 大	하는 일이나 행동이 사사로움
공평할 공 밝을 명 바를 정 큰 대	이 없이 떳떳하고 바름

時 間 問 題	이미 결과가 뻔하여 조만간 저
때 시 사이 간 물을 문 제목 제	절로 해결될 문제

淸 風 明 月	맑은 바람과 밝은 달
맑을 청 바람 풍 밝을 명 달 월	

大 明 天 地	아주 환하게 밝은 세상
큰 대 밝을 명 하늘 천 따 지	

市 民 社 會	신분적 구속에 지배되지 않으
저자 시 백성 민 모일 사 모일 회	며, 자유롭고 평등한 개인의 이성적 결합으로 이루어진 사회

下 等 動 物	진화 정도가 낮아 몸의 구조가
아래 하 무리 등 움직일 동 물건 물	단순한 원시적인 동물

門 前 成 市	찾아오는 사람이 많아 집 문 앞
문 문 앞 전 이룰 성 저자 시	이 시장을 이루다시피 함을 이르는 말

樂 山 樂 水	산과 물을 좋아한다는 것으로
좋아할 요 메 산 좋아할 요 물 수	즉 자연을 좋아함

形 形 色 色	상과 빛깔 따위가 서로 다른
모양 형 모양 형 빛 색 빛 색	여러 가지

百 年 大 計	먼 앞날까지 미리 내다보고 세
일백 백 해 년 큰 대 셀 계	우는 크고 중요한 계획

人 事 不 省	제 몸에 벌어지는 일을 모를 만
사람 인 일 사 아닐 불 살필 성	큼 정신을 잃은 상태

白 面 書 生	한갓 글만 읽고 세상일에는
흰 백 낯 면 글 서 날 생	전혀 경험이 없는 사람

人 海 戰 術	우수한 화기보다 다수의 병력
사람 인 바다 해 싸움 전 재주 술	을 투입하여 적을 압도하는 전술

江(강) 7급Ⅱ	↔	山(산) 8급	北(북) 8급	↔	南(남) 8급	長(장) 8급	↔	短(단) 6급Ⅱ
高(고) 6급Ⅱ	↔	下(하) 7급Ⅱ	山(산) 8급	↔	海(해) 7급Ⅱ	前(전) 7급Ⅱ	↔	後(후) 7급Ⅱ
敎(교) 8급	↔	學(학) 8급	上(상) 7급Ⅱ	↔	下(하) 7급Ⅱ	正(정) 7급Ⅱ	↔	反(반) 6급Ⅱ
男(남) 7급Ⅱ	↔	女(녀) 8급	先(선) 8급	↔	後(후) 7급Ⅱ	弟(제) 8급	↔	兄(형) 8급
南(남) 8급	↔	北(북) 8급	手(수) 7급Ⅱ	↔	足(족) 7급Ⅱ	左(좌) 7급Ⅱ	↔	右(우) 7급Ⅱ
內(내) 7급Ⅱ	↔	外(외) 8급	水(수) 8급	↔	火(화) 8급	中(중) 8급	↔	外(외) 8급
老(노) 7급	↔	少(소) 7급	身(신) 6급Ⅱ	↔	心(심) 7급	天(천) 7급	↔	地(지) 7급
短(단) 6급Ⅱ	↔	長(장) 8급	心(심) 7급	↔	身(신) 6급Ⅱ	春(춘) 7급	↔	秋(추) 7급
大(대) 8급	↔	小(소) 8급	心(심) 7급	↔	體(체) 6급Ⅱ	出(출) 7급	↔	入(입) 7급
東(동) 8급	↔	西(서) 8급	右(우) 7급Ⅱ	↔	左(좌) 7급Ⅱ	夏(하) 7급	↔	冬(동) 7급
冬(동) 7급	↔	夏(하) 7급	月(월) 8급	↔	日(일) 8급	海(해) 7급Ⅱ	↔	空(공) 7급Ⅱ
母(모) 8급	↔	子(자) 7급Ⅱ	日(일) 8급	↔	月(월) 8급	兄(형) 8급	↔	弟(제) 8급
問(문) 7급	↔	答(답) 7급Ⅱ	入(입) 7급	↔	出(출) 7급	和(화) 6급Ⅱ	↔	戰(전) 6급Ⅱ
物(물) 7급Ⅱ	↔	心(심) 7급	子(자) 7급Ⅱ	↔	女(녀) 8급	後(후) 7급Ⅱ	↔	先(선) 8급
父(부) 8급	↔	母(모) 8급	子(자) 7급Ⅱ	↔	母(모) 8급			
父(부) 8급	↔	子(자) 7급Ⅱ	昨(작) 6급Ⅱ	↔	今(금) 6급Ⅱ			

유의자

家(가) 7급Ⅱ	_	室(실) 8급	方(방) 7급Ⅱ	_	道(도) 7급Ⅱ	一(일) 8급	_	同(동) 7급
歌(가) 7급	_	樂(악) 6급Ⅱ	方(방) 7급Ⅱ	_	正(정) 7급Ⅱ	才(재) 6급Ⅱ	_	術(술) 6급Ⅱ
計(계) 6급Ⅱ	_	算(산) 7급	事(사) 7급Ⅱ	_	業(업) 6급Ⅱ	正(정) 7급Ⅱ	_	方(방) 7급Ⅱ
計(계) 6급Ⅱ	_	數(수) 7급	社(사) 6급Ⅱ	_	會(회) 6급Ⅱ	正(정) 7급Ⅱ	_	直(직) 7급Ⅱ
共(공) 6급Ⅱ	_	同(동) 7급	算(산) 7급	_	數(수) 7급	集(집) 6급Ⅱ	_	會(회) 6급Ⅱ
工(공) 7급Ⅱ	_	作(작) 6급Ⅱ	生(생) 8급	_	出(출) 7급	體(체) 6급Ⅱ	_	身(신) 6급Ⅱ
光(광) 6급Ⅱ	_	明(명) 6급Ⅱ	生(생) 8급	_	活(활) 7급Ⅱ	村(촌) 7급	_	里(리) 7급
光(광) 6급Ⅱ	_	色(색) 7급	世(세) 7급Ⅱ	_	界(계) 6급Ⅱ	出(출) 7급	_	生(생) 8급
堂(당) 6급Ⅱ	_	室(실) 8급	世(세) 7급Ⅱ	_	代(대) 6급Ⅱ	土(토) 8급	_	地(지) 7급
道(도) 7급Ⅱ	_	理(리) 6급Ⅱ	身(신) 6급Ⅱ	_	體(체) 6급Ⅱ	便(편) 7급	_	安(안) 7급Ⅱ
同(동) 7급	_	等(등) 6급Ⅱ	室(실) 8급	_	家(가) 7급Ⅱ	平(평) 7급Ⅱ	_	等(등) 6급Ⅱ
洞(동) 7급	_	里(리) 7급	樂(악) 6급Ⅱ	_	歌(가) 7급	平(평) 7급Ⅱ	_	安(안) 7급Ⅱ
同(동) 7급	_	一(일) 8급	安(안) 7급Ⅱ	_	全(전) 7급Ⅱ	平(평) 7급Ⅱ	_	和(화) 6급Ⅱ
明(명) 6급Ⅱ	_	光(광) 6급Ⅱ	安(안) 7급Ⅱ	_	平(평) 7급Ⅱ	和(화) 6급Ⅱ	_	平(평) 7급Ⅱ
明(명) 6급Ⅱ	_	白(백) 8급	業(업) 6급Ⅱ	_	事(사) 7급Ⅱ	會(회) 6급Ⅱ	_	社(사) 6급Ⅱ
文(문) 7급	_	書(서) 6급Ⅱ	運(운) 6급Ⅱ	_	動(동) 7급Ⅱ	會(회) 6급Ⅱ	_	集(집) 6급Ⅱ

약자(略字)

國 _ 國	讀 _ 読	發 _ 発	體 _ 体
나라 국 8급	읽을 독 구절 두 6급Ⅱ	필 발 6급Ⅱ	몸 체 6급Ⅱ
氣 _ 気	樂 _ 楽	數 _ 数	學 _ 学
기운 기 7급Ⅱ	즐길 락 노래 악 좋아할 요 6급Ⅱ	셈 수: 7급	배울 학 8급
對 _ 対	來 _ 来	藥 _ 薬	會 _ 会
대할 대: 6급Ⅱ	올 래(:) 7급	약 약 6급Ⅱ	모일 회: 6급Ⅱ
圖 _ 図	萬 _ 万	戰 _ 战, 戦	
그림 도 6급Ⅱ	일만 만: 8급	싸움 전: 6급Ⅱ	

한자능력검정시험

6급 II 예상문제 (1~9회)

- 예상문제(1~9회)
- 정답(57p~59p)

➜ 본 예상문제는 수험생들의 기억에 의하여 재생된 기출문제를
토대로 분석하고 연구하여 만든 문제입니다.

01 다음 밑줄 친 漢字語의 讀音을 쓰세요. (1~32)

보기   漢字 → 한자

1 그 사람은 우리 동네에서 소문난 孝子다.
[   ]

2 부엉이는 낮에는 거의 活動을 하지 않는다.
[   ]

3 가족끼리 對話를 많이 해야 더 화목해진다.
[   ]

4 할아버지께서는 집에서 花草를 기르신다.
[   ]

5 형은 많은 숫자 곱하기도 척척 計算해 낸다.
[   ]

6 이 공예품은 만든 지 너무 오래돼서 形體를 알
아볼 수 없다.

7 平和는 노력해서 얻는 것이다. [   ]

8 강한 光線을 계속 보면 눈이 아파진다.
[   ]

9 幸運은 노력하는 사람에게만 찾아온다.
[   ]

10 편지 봉투에 住所를 정확히 적어야 한다.
[   ]

11 東風이 불어오니 한결 시원하다. [   ]

12 나이 드신 어른의 나이는 春秋라고 한다.
[   ]

13 요즘은 도시에서 農村으로 살러 가는 사람들
도 많다. [   ]

14 할머니께서 예쁜 靑色 치마를 입으셨다.
[   ]

15 사방 天地에 꽃이 피어 있다. [   ]

16 이 회사에는 근로자가 八千명이다. [   ]

17 인구가 대도시에 集中되어 있어서 문제가 많다.
[   ]

18 길이 거의 直角으로 꺾여 있어 사고가 많다.
[   ]

19 左右에서 박수가 터져 나왔다. [   ]

20 手足이 너무 차가우면 병나기 쉬우니 조심해
야 한다. [   ]

21 우리 祖上들은 훌륭한 분이 많다. [   ]

22 이 문제는 正答이 두 개다. [   ]

23 사람들은 때때로 電氣의 고마움을 잊고 살아
가기 때문에 함부로 사용한다. [   ]

24 소설 作家가 되려면 경험을 많이 하는 것이 좋다.
[   ]

25 공부는 자기 自身을 위해서 하는 것이다.
[   ]

26 부모님께서 내가 친구 집에서 하루 같이 자는
것에 同意해 주셨다. [   ]

27 飮食은 골고루 먹는 것이 몸에 좋다.[   ]

28 농구는 키가 큰 사람에게 有利하다. [   ]

29 王命에 따라 죄인을 감옥에 가두었다. [   ]

30 유엔은 弱小 국가를 경제적으로 돕는다.
[   ]

31 피아노 대회에 나가서도 便安한 마음을 갖기
위해 노력했다. [   ]

32 우리나라는 世界에서 열 번째로 수출, 수입을
많이 하는 나라다. [   ]

02 다음 漢字의 훈[訓;뜻]과 음을 쓰세요. (33~61)

보기   字 → 글자 자

33 歌 [   ]   34 休 [   ]

35 高 [   ]   36 球 [   ]

37 空 [   ]   38 分 [   ]

39 海 [   ]   40 方 [   ]

41 圖 [   ]   42 登 [   ]

43 童 [   ]   44 面 [   ]

45 發 [   ]   46 口 [   ]

47 林 [   ]   48 雪 [   ]

49 勇 [   ]   50 術 [   ]

51 信 [   ]   52 然 [   ]

53 時 [   ]   54 明 [   ]

55 川 [   ]   56 重 [   ]

57 心 [   ]   58 戰 [   ]

59 放 [   ]   60 表 [   ]

61 用 [   ]

03 뜻이 서로 반대[상대]되는 漢字끼리 연결되지 <u>않은</u> 것을 고르세요. (62~63)

62 ① 昨 ↔ 今   ② 長 ↔ 短
   ③ 各 ↔ 道   ④ 老 ↔ 少
                              [   ]

63 ① 前 ↔ 後   ② 內 ↔ 外
   ③ 出 ↔ 入   ④ 洞 ↔ 淸
                              [   ]

04 다음 ( ) 안의 글자에 해당하는 漢字를 〈보기〉에서 찾아 번호를 쓰세요. (64~65)

보기   ① 姓   ② 成   ③ 書   ④ 西

64 (성)공을 하려면 노력을 많이 해야 한다.
                              [   ]

65 독(서)를 많이 하면 생각이 깊어진다.
                              [   ]

05 다음 漢字語의 알맞은 뜻을 쓰세요. (66~67)

66 反省   [   ]

67 工場   [   ]

06 다음 밑줄 친 漢字語를 漢字로 쓰세요. (68~77)

68 우리 반은 오늘 <u>교실</u> 청소를 깨끗이 했다.
                              [   ]

69 <u>구월</u>에 2학기가 시작되었다.   [   ]

70 내 <u>생일</u>에 친구들이 축하를 해 주었다.
                              [   ]

71 나는 <u>오년</u>동안 같은 집에서 살았다. [   ]

72 우리 집은 <u>형제</u>가 많아서 늘 즐겁다. [   ]

73 여름에는 비가 많이 와서 가끔 저수지의 <u>수문</u>을 연다.   [   ]

74 태백산맥은 <u>남북</u>으로 뻗어 있다.   [   ]

75 이번 여름 방학 때는 <u>사촌</u>들끼리 여행을 가기로 했다.   [   ]

76 축구 경기를 보기 위해 운동장에 <u>칠만</u> 명이 모였다.   [   ]

77 형은 <u>군인</u>이 된 뒤에 훨씬 튼튼해졌다. [   ]

07 다음 漢字의 진하게 표시한 획은 몇 번째 쓰는지 〈보기〉에서 찾아 그 번호를 쓰세요. (78~80)

보기   ① 첫 번째   ② 두 번째
       ③ 세 번째   ④ 네 번째
       ⑤ 다섯 번째   ⑥ 여섯 번째
       ⑦ 일곱 번째   ⑧ 여덟 번째
       ⑨ 아홉 번째   ⑩ 열 번째

78 神 [   ]

79 急 [   ]

80 來 [   ]

수험번호 □□□-□□-□□□□　　　　　**성명** □□□□□

생년월일 □□□□□□　　　※ 유성 싸인펜, 붉은색 필기구 사용 불가.

※ 답안지는 컴퓨터로 처리되므로 구기거나 더럽히지 마시고, 정답 칸 안에만 쓰십시오. 글씨가 채점란으로 들어오면 오답처리가 됩니다.

제　　회 전국한자능력검정시험 6급Ⅱ 답안지(1)　（시험시간 50분）

번호	정답	1검	2검	번호	정답	1검	2검	번호	정답	1검	2검
	답 안 란	채점란			답 안 란	채점란			답 안 란	채점란	
1				14				27			
2				15				28			
3				16				29			
4				17				30			
5				18				31			
6				19				32			
7				20				33			
8				21				34			
9				22				35			
10				23				36			
11				24				37			
12				25				38			
13				26				39			

	감독위원	채점위원(1)		채점위원(2)		채점위원(3)	
	(서명)	(득점)	(서명)	(득점)	(서명)	(득점)	(서명)

※ 답안지는 컴퓨터로 처리되므로 구기거나 더럽히지 마시고, 정답 칸 안에만 쓰십시오. 글씨가 채점란으로 들어오면 오답처리가 됩니다.

제　　회 전국한자능력검정시험 6급 II 답안지(2)

번호	정답	1검	2검	번호	정답	1검	2검	번호	정답	1검	2검
40				54				68			
41				55				69			
42				56				70			
43				57				71			
44				58				72			
45				59				73			
46				60				74			
47				61				75			
48				62				76			
49				63				77			
50				64				78			
51				65				79			
52				66				80			
53				67							

01 다음 밑줄 친 漢字語의 讀音을 쓰세요. (1~32)

보기 漢字 → 한자

1 찬우는 오늘 숙제를 미리 하지 않고 논 것을 反省했다. [   ]

2 나는 매일 오후에 형과 함께 運動을 해서 몸이 튼튼하다. [   ]

3 始作도 중요하지만 끝맺음을 잘해야 한다. [   ]

4 공연이 끝난 뒤 市民들이 힘을 합쳐 쓰레기를 깨끗이 청소하였다. [   ]

5 사람이 많이 모이는 場所에서 큰 소리를 질러서는 안 된다. [   ]

6 날씨가 좋은 오월에 植木을 해야 나무가 잘 산다. [   ]

7 월요일 午前에는 학교 전체가 학생 회의를 한다. [   ]

8 空氣가 맑아야 사람들도 건강해진다. [   ]

9 그 마을 사람들은 每年 가을에 운동회를 연다. [   ]

10 무슨 일이든 열심히 노력해야 成功할 수 있다. [   ]

11 외부 사람이 낮에 학교에 들어오려면 학교 入口에서 허가를 얻어야 한다. [   ]

12 조선 시대에는 百姓들이 스스로 전쟁에 참여하기도 했다. [   ]

13 나는 운동을 잘 해서 體育을 가장 좋아한다. [   ]

14 찬우는 孝心이 지극하여 동네 사람 모두가 칭찬한다. [   ]

15 도로 위의 電線을 건드리면 위험할 수도 있다. [   ]

16 온 세상이 다툼 없이 平和로우면 좋겠다. [   ]

17 할머니는 고구마의 썩은 部分을 모두 잘라내셨다. [   ]

18 어릴 때 讀書를 많이 하면 커서 위대한 사람이 될 수 있다. [   ]

19 우리나라에는 世界에서 가장 배우기 쉬운 문자인 한글이 있다. [   ]

20 물건을 사고 팔 때는 計算을 잘해야 한다. [   ]

21 사람은 自然으로부터 먹을 식량을 얻는다. [   ]

22 뮤지컬 공연의 中間에 잠깐 쉬는 시간이 있다. [   ]

23 그는 短身 선수이지만 시합에서 가장 많은 득점을 했다. [   ]

24 어촌에서는 물고기를 잡아 海風에 말린다. [   ]

25 어디선가 高音의 비명 소리가 들렸다. [   ]

26 요즘은 비행기가 발달되어 여행을 할 때 참 便利하다. [   ]

27 주말마다 강원도 方面으로 가는 차들이 매우 많다. [   ]

28 나는 노래를 잘 해서 우리 학교에서 有名하다. [   ]

29 우리나라에서 울산은 工業이 발달한 도시이다. [   ]

30 할아버지께서는 아직도 손수 農事를 지으신다. [   ]

31 에디슨이 전화를 發明하였다. [   ]

32 그 집안은 老少간에도 재미있게 지낸다. [   ]

02 다음 漢字의 訓(훈:뜻)과 音을 쓰세요. (33~61)

보기	字 → 글자 자

33 消 [   ]   34 用 [   ]

35 主 [   ]   36 川 [   ]

37 時 [   ]   38 草 [   ]

39 安 [   ]   40 休 [   ]

41 集 [   ]   42 後 [   ]

43 直 [   ]   44 淸 [   ]

45 現 [   ]   46 圖 [   ]

47 雪 [   ]   48 手 [   ]

49 秋 [   ]   50 林 [   ]

51 角 [   ]   52 春 [   ]

53 花 [   ]   54 來 [   ]

55 堂 [   ]   56 歌 [   ]

57 立 [   ]   58 夫 [   ]

59 勇 [   ]   60 夏 [   ]

61 童 [   ]

03 뜻이 서로 반대(상대)되는 漢字끼리 연결되지 <u>않은</u> 것을 고르세요. (62~63)

62 ① 天 ↔ 地   ② 內 ↔ 外
   ③ 祖 ↔ 上   ④ 聞 ↔ 答   [   ]

63 ① 兄 ↔ 弟   ② 弱 ↔ 術
   ③ 右 ↔ 左   ④ 昨 ↔ 今   [   ]

04 다음 (   ) 안의 글자에 해당하는 漢字를 〈보기〉에서 찾아 번호를 쓰세요. (64~65)

보기	① 代 ② 對 ③ 正 ④ 庭

64 그는 올해 국가 (   )표로 뽑혔다.   [   ]

65 가(   )이 편안하려면 가족 모두의 노력이 필요하다.   [   ]

05 다음 漢字語의 알맞은 뜻을 쓰세요. (66~67)

66 食水 [   ]

67 日記 [   ]

06 다음 밑줄 친 漢字(語)를 漢字로 쓰세요. (68~77)

68 민희네 집은 늘 <u>모녀</u>가 함께 도서관에 간다.
   [   ]

69 서울 <u>남산</u>에는 여러 개의 터널이 있다.
   [   ]

70 <u>교실</u>에는 책상과 의자가 있어서 각자 정해진 자리에 앉는다.   [   ]

71 부모님은 찬우가 <u>군인</u>이 된 것을 자랑스러워했다.
   [   ]

72 오늘은 <u>선생님</u>께서 우리를 위해 노래를 불러 주셨다.   [   ]

73 우리 동네에는 큰 <u>대학</u>이 있어서 그곳에 자주 간다.   [   ]

74 오빠는 <u>삼십오</u> 세에 결혼했다.   [   ]

75 나의 <u>사촌</u>인 찬우는 나와 같은 학교에 다닌다.
   [   ]

76 우리는 공원에 갈 때 주로 <u>북문</u>으로 들어간다.
   [   ]

77 사람들은 팔월에 가장 휴가를 많이 간다.
   [   ]

07 다음 漢字의 진하게 표시한 획은 몇 번째 쓰는지 〈보기〉에서 찾아 그 번호를 쓰세요. (78~80)

보기	① 첫 번째 ② 두 번째 ③ 세 번째 ④ 네 번째 ⑤ 다섯 번째 ⑥ 여섯 번째 ⑦ 일곱 번째 ⑧ 여덟 번째 ⑨ 아홉 번째 ⑩ 열 번째

78 登 [   ]   79 直 [   ]

80 每 [   ]

수험번호 □□□-□□-□□□□　　　**성명** □□□□□

생년월일 □□□□□□

※ 유성 싸인펜, 붉은색 필기구 사용 불가.

※ 답안지는 컴퓨터로 처리되므로 구기거나 더럽히지 마시고, 정답 칸 안에만 쓰십시오. 글씨가 채점란으로 들어오면 오답처리가 됩니다.

제　　회 전국한자능력검정시험 6급Ⅱ 답안지(1)　　(시험시간 50분)

번호	정답	1검	2검	번호	정답	1검	2검	번호	정답	1검	2검
	답 안 란	채점란			답 안 란	채점란			답 안 란	채점란	
1				14				27			
2				15				28			
3				16				29			
4				17				30			
5				18				31			
6				19				32			
7				20				33			
8				21				34			
9				22				35			
10				23				36			
11				24				37			
12				25				38			
13				26				39			

	감독위원	채점위원(1)		채점위원(2)		채점위원(3)	
	(서명)	(득점)	(서명)	(득점)	(서명)	(득점)	(서명)

※ 답안지는 컴퓨터로 처리되므로 구기거나 더럽히지 마시고, 정답 칸 안에만 쓰십시오. 글씨가 채점란으로 들어오면 오답처리가 됩니다.

제　　회 전국한자능력검정시험 6급Ⅱ 답안지(2)

번호	정답	1검	2검	번호	정답	1검	2검	번호	정답	1검	2검
40				54				68			
41				55				69			
42				56				70			
43				57				71			
44				58				72			
45				59				73			
46				60				74			
47				61				75			
48				62				76			
49				63				77			
50				64				78			
51				65				79			
52				66				80			
53				67							

01 다음 밑줄 친 漢字語의 讀音을 쓰세요. (1~32)

보기	漢字 → 한자

1 환자의 얼굴에는 차츰 和色이 돌기 시작하였습니다. [   ]

2 삼촌이 아버지 代理로 모임에 참석했습니다. [   ]

3 경기는 우리에게 有利하게 전개되었습니다. [   ]

4 그는 지난날의 잘못을 反省하고 있습니다. [   ]

5 그는 家風이 엄한 집에서 자랐습니다. [   ]

6 그가 무사히 돌아온 것은 그 自體가 기적입니다. [   ]

7 본능적인 動作으로 날아오는 돌을 피했습니다. [   ]

8 급식비에 우유 값까지 計算되었습니다. [   ]

9 상인은 信用을 바탕으로 해야 합니다. [   ]

10 이번 시험에 전교 等數가 올랐습니다. [   ]

11 불우 이웃에 대한 各界 성원이 이어졌습니다. [   ]

12 물체의 表面이 우묵하게 들어갔습니다. [   ]

13 현충일에 半旗를 게양했습니다. [   ]

14 순희는 오빠와 公平하게 과자를 나누었습니다. [   ]

15 삼촌은 所聞난 구두쇠입니다. [   ]

16 어린 아이들은 신체의 發育이 왕성합니다. [   ]

17 어머니는 手術하신 후에 건강해지셨습니다. [   ]

18 今方 비가 올 것처럼 하늘이 어둡습니다. [   ]

19 찬 氣運이 갑자기 밀려왔습니다. [   ]

20 그녀는 주인에게 짜장면을 注文했습니다. [   ]

21 형은 병원에 內科 의사로 취직되었습니다. [   ]

22 요즘 산에는 藥草가 별로 없습니다. [   ]

23 전문가들이 사고 現場에 급파되었습니다. [   ]

24 아버지는 農業에 종사하고 계십니다. [   ]

25 의자 위로 올라서서 電球를 갈아 끼웠습니다. [   ]

26 두세 명씩 자유롭게 對話를 합니다. [   ]

27 우리 학교는 도서관의 확장이 時急합니다. [   ]

28 우리는 공책에 直線과 곡선을 그었습니다. [   ]

29 라디오에서 신나는 音樂이 흘러나옵니다. [   ]

30 모두들 그 아이를 神童이라고 합니다. [   ]

31 부모들은 자식 걱정에 便安한 날이 없습니다. [   ]

32 재개발 계획은 住民들의 반대로 무산되었습니다. [   ]

02 다음 漢字의 訓(훈:뜻)과 音을 쓰세요. (33~61)

보기	字 → 글자 자

33 角 [   ]   34 孝 [   ]

35 記 [   ]   36 堂 [   ]

37 然 [   ]   38 昨 [   ]

39 秋 [   ]   40 答 [   ]

41 每 [   ]   42 前 [   ]

43 邑 [   ]   44 物 [   ]

45 始 [   ]   46 休 [   ]

47 歌 [   ]   48 書 [   ]

49 花 [   ]   50 命 [   ]

51 新 [   ]   52 窓 [   ]

53 飮 [   ]   54 世 [   ]

55 冬 [   ]   56 立 [   ]

57 消 [   ]   58 雪 [   ]

59 林 [   ]   60 幸 [   ]

61 弱 [   ]

03 뜻이 서로 반대(상대)되는 漢字끼리 연결되지 <u>않은</u> 것을 고르세요. (62~63)

62 ① 出 ↔ 入   ② 老 ↔ 少
   ③ 先 ↔ 後   ④ 共 ↔ 同   [   ]

63 ① 心 ↔ 身   ② 事 ↔ 活
   ③ 敎 ↔ 學   ④ 長 ↔ 短   [   ]

04 다음 (   ) 안의 글자에 해당하는 漢字를 〈보기〉에서 찾아 그 번호를 쓰세요. (64~65)

보기	① 重 ② 意 ③ 勇 ④ 庭

64 행복한 가(   )에는 항상 웃음꽃이 피어난다.
                                    [   ]

65 시간을 소(   )히 여겨야 한다.   [   ]

05 다음 漢字語의 알맞은 뜻을 쓰세요. (66~67)

66 祖母 [   ]

67 空間 [   ]

06 다음 밑줄 친 漢字(語)를 漢字로 쓰세요. (68~77)

68 그 <u>청년</u>은 컴퓨터 박사입니다.   [   ]

69 누군가 <u>대문</u>을 두드립니다.   [   ]

70 그녀는 <u>형제</u>가 많은 집에서 자랐습니다.
                                    [   ]

71 <u>삼촌</u>은 조카와 공원에 놀러 가기로 약속하였습니다.   [   ]

72 <u>오월</u>은 가정의 달입니다.   [   ]

73 썩은 이빨을 <u>백금</u>으로 때웠습니다.   [   ]

74 우리나라는 국토가 <u>남북</u>으로 나누어져 있습니다.
                                    [   ]

75 서산에 해가 지고 <u>동산</u>에 달 떠오릅니다.
                                    [   ]

76 광장에 모인 사람이 <u>십만</u>이나 됩니다.
                                    [   ]

77 <u>생일</u>에 친구들을 집으로 불렀습니다.   [   ]

07 다음 漢字의 진하게 표시한 획은 몇 번째 쓰는지 〈보기〉에서 찾아 그 번호를 쓰세요. (78~80)

보기	① 첫 번째	② 두 번째
	③ 세 번째	④ 네 번째
	⑤ 다섯 번째	⑥ 여섯 번째
	⑦ 일곱 번째	⑧ 여덟 번째
	⑨ 아홉 번째	⑩ 열 번째

78 西 [   ]

79 地 [   ]

80 海 [   ]

수험번호 □□□-□□-□□□□   **성명** □□□□□

생년월일 □□□□□□

※ 유성 싸인펜, 붉은색 필기구 사용 불가.

※ 답안지는 컴퓨터로 처리되므로 구기거나 더럽히지 마시고, 정답 칸 안에만 쓰십시오. 글씨가 채점란으로 들어오면 오답처리가 됩니다.

제 　 회 전국한자능력검정시험 6급Ⅱ 답안지(1) 　 (시험시간 50분)

번호	답안란 정답	채점란 1검	채점란 2검	번호	답안란 정답	채점란 1검	채점란 2검	번호	답안란 정답	채점란 1검	채점란 2검
1				14				27			
2				15				28			
3				16				29			
4				17				30			
5				18				31			
6				19				32			
7				20				33			
8				21				34			
9				22				35			
10				23				36			
11				24				37			
12				25				38			
13				26				39			

	감독위원	채점위원(1)		채점위원(2)		채점위원(3)	
	(서명)	(득점)	(서명)	(득점)	(서명)	(득점)	(서명)

※ 뒷면으로 이어짐

※ 답안지는 컴퓨터로 처리되므로 구기거나 더럽히지 마시고, 정답 칸 안에만 쓰십시오. 글씨가 채점란으로 들어오면 오답처리가 됩니다.

제   회 전국한자능력검정시험 6급Ⅱ 답안지(2)

번호	정답	1검	2검	번호	정답	1검	2검	번호	정답	1검	2검
	답 안 란	채점란			답 안 란	채점란			답 안 란	채점란	
40				54				68			
41				55				69			
42				56				70			
43				57				71			
44				58				72			
45				59				73			
46				60				74			
47				61				75			
48				62				76			
49				63				77			
50				64				78			
51				65				79			
52				66				80			
53				67							

01 다음 밑줄 친 漢字語의 讀音을 쓰세요. (1~32)

보기   漢字 → 한자

1 正道를 걷는 사람이 성공한다. [   ]

2 動作이 빨라야 일을 잘한다. [   ]

3 기차를 利用하는 사람이 많다. [   ]

4 各自 맡은 일을 충실히 하자. [   ]

5 새로운 학설을 發表했다. [   ]

6 지도에는 等高선이 있다. [   ]

7 같은 洞里에서 자랐다. [   ]

8 登記 우편은 안전하다. [   ]

9 그는 문학 方面에 소질이 있다. [   ]

10 좋은 球場에서 경기를 한다. [   ]

11 그 의견에 反旗를 들었다. [   ]

12 植林 사업에 열성을 다했다. [   ]

13 열심히 노력한 成果가 나타났다. [   ]

14 사람의 運命은 하늘에 달렸다. [   ]

15 工業고등학교에 진학한다. [   ]

16 못하는 선수를 팀에서 放出했다. [   ]

17 理科 공부가 더 어렵다. [   ]

18 氣體 상태로 먼지가 떠다닌다. [   ]

19 부지런해야 農事를 잘 지을 수 있다. [   ]

20 草堂을 짓고 책을 읽는다. [   ]

21 아버지의 會社는 집에서 가깝다. [   ]

22 名分이 없는 일은 하지 말자. [   ]

23 算數 공부를 열심히 한다. [   ]

24 五色이 찬란하게 장식되어 있다. [   ]

25 直線이 가장 짧은 거리다. [   ]

26 同姓끼리 결혼하는 사람도 있다. [   ]

27 心身이 모두 건강해야 한다. [   ]

28 家庭에는 평화가 있어야 한다. [   ]

29 나쁜 所聞이 나돌았다. [   ]

30 現世에는 어려운 일이 많다. [   ]

31 電信 사업의 발달로 세상이 편해졌다. [   ]

32 時代에 뒤떨어진 생각은 버리자. [   ]

02 다음 한자의 訓(훈:뜻)과 音을 쓰세요. (33~61)

33 計 [   ]   34 物 [   ]

35 班 [   ]   36 書 [   ]

37 雪 [   ]   38 消 [   ]

39 夫 [   ]   40 急 [   ]

41 術 [   ]   42 始 [   ]

43 角 [   ]   44 每 [   ]

45 安 [   ]   46 村 [   ]

47 有 [   ]   48 便 [   ]

49 光 [   ]   50 間 [   ]

51 然 [   ]   52 活 [   ]

53 集 [   ]   54 休 [   ]

55 形 [   ]   56 新 [   ]

57 幸 [   ]   58 藥 [   ]

59 神 [   ]   60 注 [   ]

61 話 [   ]

03 뜻이 반대(상대)되는 漢字끼리 연결되지 않은 것을 고르시오. (62~63)

62 ① 長 ↔ 短   ② 前 ↔ 後
     ③ 天 ↔ 地   ④ 邑 ↔ 意

[   ]

63 ① 夏 ↔ 冬   ② 手 ↔ 足
     ③ 和 ↔ 戰   ④ 飮 ↔ 育

[   ]

04 다음 ( )안의 글자에 해당하는 漢字를 〈보기〉에서 찾아 그 번호를 쓰세요. (64~65)

| 보기 | ① 淸 | ② 海 | ③ 來 | ④ 立 |

64 ( )풍에 오징어를 말린다. [ ]

65 날씨가 ( )명하다. [ ]

05 다음 漢字語의 알맞은 뜻을 쓰시오. (66~67)

66 老少 [ ]

67 春秋 [ ]

06 다음 밑줄 친 漢字語를 漢字로 쓰세요. (68~77)

68 만민의 존경을 받는 임금이 되었다. [ ]

69 교외 활동으로 고아원에서 봉사한다.

[ ]

70 교생 선생님이 새로 오셨다. [ ]

71 물건을 받기 전에 선금을 주었다. [ ]

72 따뜻한 남동풍이 불어 왔다. [ ]

73 남자보다 훌륭한 여인들도 많다. [ ]

74 십년이면 강산도 변한다고 한다. [ ]

75 부모에게 효도하자. [ ]

76 그 분이 나의 삼촌이시다. [ ]

77 운동회에서 청군이 이겼다. [ ]

07 다음 漢字의 진하게 표시한 획은 몇 번째 쓰는지 〈보기〉에서 찾아 그 번호를 쓰세요. (78~80)

보기	① 첫 번째	② 두 번째
	③ 세 번째	④ 네 번째
	⑤ 다섯 번째	⑥ 여섯 번째
	⑦ 일곱 번째	⑧ 여덟 번째
	⑨ 아홉 번째	⑩ 열 번째

78 先 [ ]

79 地 [ ]

80 樂 [ ]

수험번호 ☐☐☐-☐☐-☐☐☐☐　　　　　**성명** ☐☐☐☐☐

생년월일 ☐☐☐☐☐☐

※ 유성 싸인펜, 붉은색 필기구 사용 불가.

※ 답안지는 컴퓨터로 처리되므로 구기거나 더럽히지 마시고, 정답 칸 안에만 쓰십시오. 글씨가 채점란으로 들어오면 오답처리가 됩니다.

제　　회 전국한자능력검정시험 6급Ⅱ 답안지(1)　（시험시간 50분）

번호	정답	1검	2검	번호	정답	1검	2검	번호	정답	1검	2검
	답 안 란	채점란			답 안 란	채점란			답 안 란	채점란	
1				14				27			
2				15				28			
3				16				29			
4				17				30			
5				18				31			
6				19				32			
7				20				33			
8				21				34			
9				22				35			
10				23				36			
11				24				37			
12				25				38			
13				26				39			

감독위원	채점위원(1)		채점위원(2)		채점위원(3)	
(서명)	(득점)	(서명)	(득점)	(서명)	(득점)	(서명)

※ 뒷면으로 이어짐

※ 답안지는 컴퓨터로 처리되므로 구기거나 더럽히지 마시고, 정답 칸 안에만 쓰십시오. 글씨가 채점란으로 들어오면 오답처리가 됩니다.

제　　회 전국한자능력검정시험 6급Ⅱ 답안지(2)

번호	정답	1검	2검	번호	정답	1검	2검	번호	정답	1검	2검
40				54				68			
41				55				69			
42				56				70			
43				57				71			
44				58				72			
45				59				73			
46				60				74			
47				61				75			
48				62				76			
49				63				77			
50				64				78			
51				65				79			
52				66				80			
53				67							

(社) 한국어문회 주관·한국한자능력검정회 시행

한자능력검정시험 6급Ⅱ 예상문제

문 항 수 : 80문항
합격문항 : 56문항
제한시간 : 50분

01 다음 밑줄 친 漢字語의 讀音을 쓰세요. (1~32)

보기	國語 → 국어

1 온 가족의 幸運을 빌었다. [　　　]
2 한 가닥의 光明이 비친다. [　　　]
3 원자력 發電所가 늘어났다. [　　　]
4 질병 예방을 위한 飮食 조절. [　　　]
5 전쟁과 平和. [　　　]
6 勇氣 있는 병사. [　　　]
7 童話책을 읽었다. [　　　]
8 의미상 對立되는 단어. [　　　]
9 채권 채무 관계를 淸算하다. [　　　]
10 表現이 서투르다. [　　　]
11 昨今의 세태. [　　　]
12 청빈한 선비가 사는 草堂. [　　　]
13 이득을 半分하다. [　　　]
14 窓門을 열다. [　　　]
15 校庭에서 친구를 만났다. [　　　]
16 좋지 않은 風聞이 돌고 있다. [　　　]
17 문과와 理科. [　　　]
18 直角을 이루다. [　　　]
19 모든 일에는 始作과 끝이 있다. [　　　]
20 安樂한 생활. [　　　]
21 高地를 점령하다. [　　　]
22 인격 形成. [　　　]
23 身體를 단련하다. [　　　]
24 火藥을 터뜨렸다. [　　　]
25 書道에 능한 인물. [　　　]
26 信用할 수 없는 물건. [　　　]
27 農業에 종사하다. [　　　]
28 안락하고 便利한 생활. [　　　]
29 學界의 평판이 좋다. [　　　]
30 일용품은 各自 지참할 것. [　　　]
31 부처님이 雪山에서 수도하다. [　　　]
32 同時 통역. [　　　]

02 다음 漢字의 訓(훈:뜻)과 음을 쓰세요. (33~61)

보기	國 → 나라 국

33 孝 [　　　]　　34 重 [　　　]
35 午 [　　　]　　36 術 [　　　]
37 部 [　　　]　　38 物 [　　　]
39 老 [　　　]　　40 動 [　　　]
41 急 [　　　]　　42 空 [　　　]
43 內 [　　　]　　44 登 [　　　]
45 放 [　　　]　　46 消 [　　　]
47 省 [　　　]　　48 右 [　　　]
49 戰 [　　　]　　50 川 [　　　]
51 花 [　　　]　　52 住 [　　　]
53 夕 [　　　]　　54 夫 [　　　]
55 答 [　　　]　　56 歌 [　　　]
57 球 [　　　]　　58 每 [　　　]
59 事 [　　　]　　60 有 [　　　]
61 方 [　　　]

03 다음 중 서로 반대(상대)되는 漢字끼리 연결된 것을 고르시오. (62~63)

62 ① 集 - 會　　② 長 - 短
　 ③ 江 - 水　　④ 敎 - 育

[　　　]

63 ① 生 - 活　　② 植 - 木
　 ③ 村 - 邑　　④ 先 - 後

[　　　]

04 다음 ( ) 안에 들어갈 알맞은 漢字를 〈보기〉에서 찾아 그 번호를 쓰세요. (64~65)

보기	① 旗	② 命	③ 弟	④ 足
	⑤ 名	⑥ 線	⑦ 寸	⑧ 祖

64 兄( )는 손발과 같은 관계이다. [   ]

65 人( )을 경시하는 풍조. [   ]

05 다음 漢字語의 뜻을 쓰세요. (66~67)

66 來年 [   ]

67 夏冬 [   ]

06 다음 글의 밑줄 친 漢字語를 漢字로 고쳐 쓰세요. (68~77)

68 넓은 도로가 동서로 뻗어 있다. [   ]

69 세월이 흘러 그는 북군의 장수가 되었다.
   [   ]

70 삼일 밤을 꼬빡 새웠다. [   ]

71 팔월의 무더운 여름날에 친구들과 바닷가로 나 갔다. [   ]

72 교회에 십일조를 내었다. [   ]

73 부모님과 대화의 시간이 늘었다. [   ]

74 만민을 태평하게 해 주는 정책. [   ]

75 솔로몬을 왕중왕이라 불렀다. [   ]

76 도자기 겉면에 청백色이 비쳤다. [   ]

77 오륙 개월 동안 큰 고생을 하였다. [   ]

07 다음 漢字의 진하게 표시한 획은 몇 번째 쓰는지 〈보기〉 에서 찾아 그 번호를 쓰세요. (78~80)

보기	① 첫 번째	② 두 번째
	③ 세 번째	④ 네 번째
	⑤ 다섯 번째	⑥ 여섯 번째
	⑦ 일곱 번째	⑧ 여덟 번째
	⑨ 아홉 번째	⑩ 열 번째

78 四 [   ]

79 姓 [   ]

80 意 [   ]

수험번호 □□□-□□-□□□□   **성명** □□□□□□

생년월일 □□□□□□

※ 유성 싸인펜, 붉은색 필기구 사용 불가.

※ 답안지는 컴퓨터로 처리되므로 구기거나 더럽히지 마시고, 정답 칸 안에만 쓰십시오. 글씨가 채점란으로 들어오면 오답처리가 됩니다.

제   회 전국한자능력검정시험 6급Ⅱ 답안지(1)   (시험시간 50분)

번호	정답 (답안란)	1검	2검	번호	정답 (답안란)	1검	2검	번호	정답 (답안란)	1검	2검
1				14				27			
2				15				28			
3				16				29			
4				17				30			
5				18				31			
6				19				32			
7				20				33			
8				21				34			
9				22				35			
10				23				36			
11				24				37			
12				25				38			
13				26				39			

	감독위원	채점위원(1)		채점위원(2)		채점위원(3)	
	(서명)	(득점)	(서명)	(득점)	(서명)	(득점)	(서명)

※ 뒷면으로 이어짐

※ 답안지는 컴퓨터로 처리되므로 구기거나 더럽히지 마시고, 정답 칸 안에만 쓰십시오. 글씨가 채점란으로 들어오면 오답처리가 됩니다.

제   회 전국한자능력검정시험 6급 II 답안지(2)

번호	정답	1검	2검	번호	정답	1검	2검	번호	정답	1검	2검
40				54				68			
41				55				69			
42				56				70			
43				57				71			
44				58				72			
45				59				73			
46				60				74			
47				61				75			
48				62				76			
49				63				77			
50				64				78			
51				65				79			
52				66				80			
53				67							

문 항 수 : 80문항
합격문항 : 56문항
제한시간 : 50분

01 다음 밑줄 친 漢字語의 讀音을 쓰세요. (1~32)

보기   漢字 → 한자

1 그는 네 살에 벌써 천자문을 뗀 神童입니다.
[   ]

2 누구나 한 번쯤은 世界 일주 여행을 꿈꿉니다.
[   ]

3 장기에서 그 사람을 이길 高手는 아무도 없습니다.
[   ]

4 우리 민족은 단군을 이 땅의 始祖로 존숭합니다.
[   ]

5 해마다 수입 농산물이 늘어나고 있는 것으로 集計되었습니다.
[   ]

6 농촌의 일손 不足이 심각합니다. [   ]

7 기회는 모든 사람에게 公平하게 주어져야 합니다.
[   ]

8 그렇게 放心하고 운전했다가는 사고 나기 쉬워요.

9 그녀는 역경을 디디고 재기하는 데 成功하였습니다.
[   ]

10 저는 그와 모든 재산을 共有하고 있습니다.
[   ]

11 그녀는 듣던 대로 果然 훌륭한 예술가였습니다.
[   ]

12 잔디 球場에서 축구 내기를 하자. [   ]

13 안경의 렌즈는 강한 光線을 약하게 해 줍니다.
[   ]

14 아이들이 종이 위에 여러 가지 圖形을 그립니다.
[   ]

15 그 신사는 점잖고 事理에 밝은 사람입니다.
[   ]

16 그녀는 휴가를 利用하여 고향에 다녀왔습니다.
[   ]

17 할아버지께서 내 이름을 作名하셨습니다.
[   ]

18 증거가 너무나도 明白하므로 혐의를 벗을 수 없습니다. [   ]

19 일기 쓰기는 자기 反省의 기회를 줍니다.
[   ]

20 시험 결과가 發表되었습니다. [   ]

21 내일은 학교에서 身體검사를 합니다. [   ]

22 나는 그녀와 마주보고 앉아 對話를 나눕니다.
[   ]

23 지리산 청학동에는 아직도 書堂이 있습니다.
[   ]

24 어제 날씨는 消風을 가기에 참 좋았습니다.
[   ]

25 요즘은 바빠서 新聞 읽을 시간도 없습니다.
[   ]

26 이 지역은 목화와 藥草 재배를 주로 합니다.
[   ]

27 컴퓨터는 現代인들에게는 꼭 필요한 것입니다.
[   ]

28 장애인들의 自活을 돕는 프로그램이 많아야 합니다. [   ]

29 약국 문에는 休業 안내문이 부착되어 있습니다.
[   ]

30 우리 마을은 도로 정비가 時急합니다.
[   ]

31 나는 길가에 서서 회관의 前面을 쳐다보았습니다.
[   ]

32 秋夕은 먹을거리가 풍성한 명절입니다.
[   ]

02 다음 漢字의 訓(훈:뜻)과 音을 쓰세요. (33~61)

보기	字 → 글자 자

33 短 [   ]   34 所 [   ]

35 林 [   ]   36 信 [   ]

37 分 [   ]   38 後 [   ]

39 雪 [   ]   40 窓 [   ]

41 間 [   ]   42 住 [   ]

43 意 [   ]   44 半 [   ]

45 運 [   ]   46 命 [   ]

47 幸 [   ]   48 弱 [   ]

49 角 [   ]   50 昨 [   ]

51 來 [   ]   52 飮 [   ]

53 今 [   ]   54 氣 [   ]

55 立 [   ]   56 午 [   ]

57 村 [   ]   58 班 [   ]

59 注 [   ]   60 等 [   ]

61 各 [   ]

03 뜻이 서로 반대(상대)되는 漢字끼리 연결되지 않은 것을 고르세요. (62~63)

62 ① 戰 – 和   ② 上 – 下
   ③ 左 – 右   ④ 算 – 數   [   ]

63 ① 火 – 水   ② 出 – 生
   ③ 夏 – 冬   ④ 兄 – 弟   [   ]

04 다음 ( ) 안의 글자에 해당하는 漢字를 〈보기〉에서 찾아 그 번호를 쓰세요. (64~65)

보기	① 空 ② 才 ③ 術 ④ 植
	⑤ 歌 ⑥ 物 ⑦ 重 ⑧ 育

64 동물원에서 각종 動( )을 구경합니다.
[   ]

65 4월 5일은 ( )木日입니다.   [   ]

05 다음 漢字語의 알맞은 뜻을 쓰세요. (66~67)

66 農地   [   ]

67 外食   [   ]

06 다음 밑줄 친 漢字語를 漢字로 쓰세요. (68~77)

68 지각한 학생이 교실 뒷문으로 슬며시 들어왔습니다.   [   ]

69 우리나라에서는 3월에 새 학년이 시작됩니다.
[   ]

70 아버지는 오늘 오만 원짜리 신발을 사 주셨습니다.   [   ]

71 음력으로 칠월 칠일을 칠석이라고 합니다.
[   ]

72 우리 집 대문 앞에는 제발 주차하지 마세요.
[   ]

73 저기 오시는 분이 바로 교장 선생님이십니다.
[   ]

74 해가 서산으로 뉘엿뉘엿 넘어갑니다. [   ]

75 군인들이 모두 발맞추어 걸어갑니다. [   ]

76 그들은 모녀가 아니라 마치 자매처럼 보입니다.
[   ]

77 엄마는 선금을 내고 산 물건 배달을 시켰습니다.
[   ]

07 다음 漢字의 진하게 표시한 획은 몇 번째 쓰는지 〈보기〉에서 찾아 그 번호를 쓰세요. (78~80)

보기	① 첫 번째 ② 두 번째
	③ 세 번째 ④ 네 번째
	⑤ 다섯 번째 ⑥ 여섯 번째
	⑦ 일곱 번째 ⑧ 여덟 번째
	⑨ 아홉 번째 ⑩ 열 번째

78  南 [   ]   79 庭 [   ]

80  邑 [   ]

수험번호 □□□-□□-□□□□   **성명** □□□□□

생년월일 □□□□□□

※ 유성 싸인펜, 붉은색 필기구 사용 불가.

※ 답안지는 컴퓨터로 처리되므로 구기거나 더럽히지 마시고, 정답 칸 안에만 쓰십시오. 글씨가 채점란으로 들어오면 오답처리가 됩니다.

제   회 전국한자능력검정시험 6급Ⅱ 답안지(1)   (시험시간 50분)

번호	정답	1검	2검	번호	정답	1검	2검	번호	정답	1검	2검
1				14				27			
2				15				28			
3				16				29			
4				17				30			
5				18				31			
6				19				32			
7				20				33			
8				21				34			
9				22				35			
10				23				36			
11				24				37			
12				25				38			
13				26				39			

감독위원	채점위원(1)		채점위원(2)		채점위원(3)	
(서명)	(득점)	(서명)	(득점)	(서명)	(득점)	(서명)

※ 뒷면으로 이어짐

※ 답안지는 컴퓨터로 처리되므로 구기거나 더럽히지 마시고, 정답 칸 안에만 쓰십시오. 글씨가 채점란으로 들어오면 오답처리가 됩니다.

제   회 전국한자능력검정시험 6급Ⅱ 답안지(2)

번호	정답	1검	2검	번호	정답	1검	2검	번호	정답	1검	2검
40				54				68			
41				55				69			
42				56				70			
43				57				71			
44				58				72			
45				59				73			
46				60				74			
47				61				75			
48				62				76			
49				63				77			
50				64				78			
51				65				79			
52				66				80			
53				67							

제7회

(社) 한국어문회 주관·한국한자능력검정회 시행

한자능력검정시험 6급Ⅱ 예상문제

문 항 수 : 80문항
합격문항 : 56문항
제한시간 : 50분

01 다음 밑줄 친 漢字語의 讀音을 쓰세요. (1~32)

| 보기 | 漢字 → 한자 |

1 봄이 오면 온갖 花草들이 만발합니다. [   ]

2 여름에는 햇볕 光線이 따갑게 느껴집니다. [   ]

3 기술의 발달로 로봇이 점점 사람의 形體를 닮아 갑니다. [   ]

4 소년들은 분홍색보다는 靑色을 좋아합니다. [   ]

5 그 가게는 두 길이 거의 直角으로 만나는 곳에 있습니다. [   ]

6 여름이 되니 江風이 시원하게 불어옵니다. [   ]

7 이순신 장군의 한산대첩은 세계 최고의 海戰이라고 할 만합니다. [   ]

8 요즘은 바람을 이용해서 發電을 하는 곳이 많습니다. [   ]

9 나도 이제 컸으니 매일 新聞을 보려고 합니다. [   ]

10 對話를 할 때는 먼저 상대방의 말을 잘 들어야 합니다. [   ]

11 설계 圖面만을 가지고 가족끼리 집을 다 지었습니다. [   ]

12 임금이 정치를 잘 하려면 百姓의 뜻을 잘 살펴야 합니다. [   ]

13 다른 사람을 不信하면 자신이 먼저 괴로운 법입니다. [   ]

14 아버지께서는 매일 아침마다 運動을 다녀오십니다. [   ]

15 유엔은 세계 平和를 위해 노력하는 국제기구입니다. [   ]

16 오월에는 休日이 많아 학교에 가는 날이 적습니다. [   ]

17 무슨 일이든지 始作하면 반은 이룬 셈입니다. [   ]

18 인도네시아 火山에서 연기가 솟아올랐다고 합니다. [   ]

19 나는 매일 저녁 자기 전에 하루를 反省합니다. [   ]

20 農業은 국가의 식량을 책임지는 산업이므로 매우 중요합니다. [   ]

21 봄에는 萬物이 깨어나 새롭게 단장합니다. [   ]

22 숲속은 도시보다 空氣가 깨끗합니다. [   ]

23 야유회를 가서 친구들과 足球를 하면서 놀았습니다. [   ]

24 그 식당의 飮食은 좀 매웠습니다. [   ]

25 나는 일주일에 한 권씩 讀書를 합니다. [   ]

26 도서관 사서에게 住所를 물어보았습니다. [   ]

27 나는 每月 한 번씩 노인정에서 청소 봉사를 합니다. [   ]

28 장남은 先祖의 뜻을 받들어 가업을 이어 받았습니다. [   ]

29 재래 市場에는 여전히 사람들이 많습니다. [   ]

30 남쪽 窓門으로 햇볕이 잘 들어옵니다. [   ]

31 선생님께서는 언제나 예정된 약속 時間보다 먼저 도착하십니다. [   ]

32 회사가 올해 많은 成果를 거두었습니다. [   ]

02 다음 漢字의 訓(훈:뜻)과 音을 쓰세요. (33~61)

보기	字 → 글자 자

33 意 [   ]　　34 才 [   ]

35 幸 [   ]　　36 雪 [   ]

37 午 [   ]　　38 注 [   ]

39 界 [   ]　　40 童 [   ]

41 命 [   ]　　42 放 [   ]

43 夫 [   ]　　44 歌 [   ]

45 川 [   ]　　46 紙 [   ]

47 消 [   ]　　48 庭 [   ]

49 集 [   ]　　50 功 [   ]

51 記 [   ]　　52 堂 [   ]

53 立 [   ]　　54 明 [   ]

55 方 [   ]　　56 夏 [   ]

57 淸 [   ]　　58 重 [   ]

59 現 [   ]　　60 自 [   ]

61 夕 [   ]

03 다음 중 뜻이 서로 반대(상대)되는 漢字끼리 연결되지 <u>않은</u> 것을 골라 그 번호를 쓰세요. (62~63)

62 ① 內 ↔ 外　　② 男 ↔ 女

　　③ 長 ↔ 短　　④ 生 ↔ 事　　[   ]

63 ① 天 ↔ 地　　② 心 ↔ 身

　　③ 分 ↔ 活　　④ 出 ↔ 入　　[   ]

04 다음 밑줄 친 글자에 해당하는 漢字를 〈보기〉에서 찾아 그 번호를 쓰세요. (64~65)

보기	① 育　　② 有　　③ 用　　④ 勇

64 인재를 <u>육</u>성해야 나라가 발전한다. [   ]

65 <u>용</u>기란 두려움을 이겨내는 것이다. [   ]

05 다음 漢字語의 뜻을 쓰세요. (66~67)

66 計算 [   ]

67 左手 [   ]

06 다음 밑줄 친 漢字語를 漢字로 쓰세요. (68~77)

68 중학교는 보통 <u>삼년</u>을 다니고 졸업합니다.
[   ]

69 형은 <u>대학교</u>에서 공부를 열심히 해서 1등으로 졸업했습니다. [   ]

70 <u>사촌</u>동생이 일요일에 와서 하루 종일 같이 놀았습니다. [   ]

71 <u>교실</u> 청소 당번이 되어 친구들과 함께 재미있게 청소를 했습니다. [   ]

72 용인시는 서울의 <u>남동</u>쪽에 위치하고 있습니다.
[   ]

73 우리나라는 겨울에 주로 <u>북서</u>쪽에서 바람이 불어옵니다. [   ]

74 어린이 수영대회에 <u>오십</u> 명이 참가했습니다.
[   ]

75 요즘 우리 동네 앞으로 고속도로가 지나가게 되어 <u>토목</u> 공사가 한창입니다. [   ]

76 봉사를 많이 해서 <u>형제</u>가 함께 학교에서 상을 받았습니다. [   ]

77 나는 매년 연말에 <u>군인</u>아저씨들에게 감사의 편지를 씁니다. [   ]

07 다음 漢字의 진하게 표시한 획은 몇 번째 쓰는 획인지 〈보기〉에서 찾아 그 번호를 쓰세요. (78~80)

보기	① 첫 번째　　② 두 번째 ③ 세 번째　　④ 네 번째 ⑤ 다섯 번째　　⑥ 여섯 번째 ⑦ 일곱 번째　　⑧ 여덟 번째 ⑨ 아홉 번째　　⑩ 열 번째 ⑪ 열한 번째　　⑫ 열두 번째

78 道 [   ]　　79 樂 [   ]

80 題 [   ]

수험번호 □□□-□□-□□□□　　**성명** □□□□□

생년월일 □□□□□□

※ 유성 싸인펜, 붉은색 필기구 사용 불가.

※ 답안지는 컴퓨터로 처리되므로 구기거나 더럽히지 마시고, 정답 칸 안에만 쓰십시오. 글씨가 채점란으로 들어오면 오답처리가 됩니다.

제　　회 전국한자능력검정시험 6급Ⅱ 답안지(1)　　(시험시간 50분)

번호	답안란 정답	채점란 1검	채점란 2검	번호	답안란 정답	채점란 1검	채점란 2검	번호	답안란 정답	채점란 1검	채점란 2검
1				14				27			
2				15				28			
3				16				29			
4				17				30			
5				18				31			
6				19				32			
7				20				33			
8				21				34			
9				22				35			
10				23				36			
11				24				37			
12				25				38			
13				26				39			

	감독위원	채점위원(1)		채점위원(2)		채점위원(3)	
	(서명)	(득점)	(서명)	(득점)	(서명)	(득점)	(서명)

※ 뒷면으로 이어짐

※ 답안지는 컴퓨터로 처리되므로 구기거나 더럽히지 마시고, 정답 칸 안에만 쓰십시오. 글씨가 채점란으로 들어오면 오답처리가 됩니다.

제   회 전국한자능력검정시험 6급Ⅱ 답안지(2)

번호	정답	1검	2검	번호	정답	1검	2검	번호	정답	1검	2검
	답 안 란	채점란			답 안 란	채점란			답 안 란	채점란	
40				54				68			
41				55				69			
42				56				70			
43				57				71			
44				58				72			
45				59				73			
46				60				74			
47				61				75			
48				62				76			
49				63				77			
50				64				78			
51				65				79			
52				66				80			
53				67							

(社) 한국어문회 주관 · 한국한자능력검정회 시행

한자능력검정시험 6급Ⅱ 예상문제

문 항 수 : 80문항
합격문항 : 56문항
제한시간 : 50분

01 다음 밑줄 친 漢字語의 讀音을 쓰세요. (1~32)

보기	國語 → 국어

1 신문 記事를 자주 봅니다. [   ]

2 登山은 건강에 좋습니다. [   ]

3 어찌할 道理가 없습니다. [   ]

4 地球는 둥급니다. [   ]

5 意表를 찌릅니다. [   ]

6 昨今의 어려운 경제 사정. [   ]

7 전통가요에 능한 歌手. [   ]

8 電氣 자동차 개발. [   ]

9 적극적인 活動이 요구됩니다. [   ]

10 순진한 童心의 세계로 돌아갑니다. [   ]

11 전쟁과 平和. [   ]

12 姓名은 반드시 漢字로 씁시다. [   ]

13 뜬所聞이 퍼지고 있습니다. [   ]

14 남녀 老少가 함께 즐깁니다. [   ]

15 飮食은 적당한 양을 먹읍시다. [   ]

16 야생의 植物을 채집하기도 합니다. [   ]

17 사람은 直立 보행을 합니다. [   ]

18 마음을 굳게 다지면 運命도 개척할 수 있습니다.
[   ]

19 전투기가 高空비행을 하고 있습니다. [   ]

20 圖書 출판은 그 나라의 문화 수준과 직결됩니다.
[   ]

21 反對 의견도 존중되어야 합니다. [   ]

22 회장을 代身하여 모임에 참석하였습니다.
[   ]

23 국제회의에서는 同時 통역을 하는 경우가 많
습니다. [   ]

24 결혼으로 家庭을 이루었습니다. [   ]

25 計算에 밝은 사람. [   ]

26 海外 동포의 방문이 늘어나고 있습니다.
[   ]

27 학생 出入을 금하는 영화. [   ]

28 車窓을 통해 보는 경치. [   ]

29 서울 향우회를 發足시켰습니다. [   ]

30 左右를 물리치고 밀담을 나눕니다. [   ]

31 젊은이의 世界. [   ]

32 부산 方面. [   ]

02 다음 漢字의 訓(훈:뜻)과 音을 쓰세요. (33~61)

보기	國 → 나라 국

33 孝 [   ]   34 風 [   ]

35 秋 [   ]   36 重 [   ]

37 有 [   ]   38 雪 [   ]

39 放 [   ]   40 利 [   ]

41 冬 [   ]   42 口 [   ]

43 來 [   ]   44 夫 [   ]

45 省 [   ]   46 午 [   ]

47 住 [   ]   48 集 [   ]

49 清 [   ]   50 夏 [   ]

51 話 [   ]   52 消 [   ]

53 旗 [   ]   54 等 [   ]

55 里 [   ]   56 線 [   ]

57 數 [   ]   58 場 [   ]

59 川 [   ]   60 幸 [   ]

61 花 [   ]

03 다음 중 뜻이 서로 반대(상대)되는 漢字끼리 연결되지 않은 것을 골라 그 번호를 쓰세요. (62~63)

62 ① 東 ↔ 西   ② 南 ↔ 北

③ 始 ↔ 作   ④ 先 ↔ 後   [   ]

63 ① 父 ↔ 母   ② 光 ↔ 明
   ③ 長 ↔ 短   ④ 問 ↔ 答   [   ]

04 다음 밑줄 친 글자에 해당하는 漢字를 〈보기〉에서 찾아 그 번호를 쓰세요. (64~65)

보기 ① 育   ② 農   ③ 校   ④ 便

64 고향에서 편안한 생활을 하고 있습니다.
                                    [   ]

65 농촌의 넉넉한 인심이 좋습니다.
                                    [   ]

05 다음 漢字語의 뜻을 쓰세요. (66~67)
66 林間   [   ]
67 洞民   [   ]

06 다음 밑줄 친 단어를 漢字로 바꾸어 쓰세요. (68~77)
68 그 집은 형제가 매우 다정하게 지냅니다.
                                    [   ]

69 일 주일은 칠일입니다.   [   ]
70 대문을 열고 밖으로 나갔습니다.   [   ]
71 시원한 생수를 벌컥벌컥 마셨습니다.
                                    [   ]

72 만인을 모두 기쁘게 하기는 어렵습니다.
                                    [   ]

73 조용하고 엄숙한 교실 분위기.   [   ]
74 구년의 노력으로 고등학교에 입학하였습니다.
                                    [   ]

75 백금 반지.   [   ]
76 여왕이 통치하는 나라.   [   ]
77 중소기업을 살려야 합니다.   [   ]

07 다음 漢字의 진하게 표시한 획은 몇 번째 쓰는 획인지 〈보기〉에서 찾아 그 번호를 쓰세요. (78~80)

보기
① 첫 번째   ② 두 번째
③ 세 번째   ④ 네 번째
⑤ 다섯 번째   ⑥ 여섯 번째
⑦ 일곱 번째   ⑧ 여덟 번째
⑨ 아홉 번째   ⑩ 열 번째

78 急   [   ]

79 春   [   ]

80 祖   [   ]

수험번호 □□□-□□-□□□□　　　　**성명** □□□□□

생년월일 □□□□□□

※ 유성 싸인펜, 붉은색 필기구 사용 불가.

※ 답안지는 컴퓨터로 처리되므로 구기거나 더럽히지 마시고, 정답 칸 안에만 쓰십시오. 글씨가 채점란으로 들어오면 오답처리가 됩니다.

제　　회 전국한자능력검정시험 6급Ⅱ 답안지(1)　　(시험시간 50분)

번호	정답	1검	2검	번호	정답	1검	2검	번호	정답	1검	2검
	답 안 란	채점란			답 안 란	채점란			답 안 란	채점란	
1				14				27			
2				15				28			
3				16				29			
4				17				30			
5				18				31			
6				19				32			
7				20				33			
8				21				34			
9				22				35			
10				23				36			
11				24				37			
12				25				38			
13				26				39			

	감독위원	채점위원(1)		채점위원(2)		채점위원(3)	
	(서명)	(득점)	(서명)	(득점)	(서명)	(득점)	(서명)

※ 답안지는 컴퓨터로 처리되므로 구기거나 더럽히지 마시고, 정답 칸 안에만 쓰십시오. 글씨가 채점란으로 들어오면 오답처리가 됩니다.

제　　회 전국한자능력검정시험 6급Ⅱ 답안지(2)

번호	정답	1검	2검	번호	정답	1검	2검	번호	정답	1검	2검
40				54				68			
41				55				69			
42				56				70			
43				57				71			
44				58				72			
45				59				73			
46				60				74			
47				61				75			
48				62				76			
49				63				77			
50				64				78			
51				65				79			
52				66				80			
53				67							

01 다음 밑줄 친 漢字語의 讀音을 쓰세요. (1~32)

보기   漢字 → 한자

1 草家지붕 위에 박이 세 통 열려 있습니다.
[   ]

2 오빠는 대학 졸업식 때 어머니께 四角모자를
씌워 드렸습니다. [   ]

3 수재민 돕기에 各界의 성금이 많이 모였습니다.
[   ]

4 점심 時間이 되자 식당에 사람들이 모여들었
습니다. [   ]

5 할아버지께서 사시는 시골에는 가는 車便이
많지 않습니다. [   ]

6 해마다 수입 농산물이 늘어나는 것으로 集計
되었습니다. [   ]

7 화성에는 果然 생명이 존재할까? [   ]

8 직사光線을 받으면 피부에 화상을 입을 수도
있습니다. [   ]

9 철수는 方今 학교에 갔단다. [   ]

10 어머니는 은행에서 수표를 現金으로 바꿨습니다.
[   ]

11 엄마는 長男인 형에게 유난히 기대가 크십니다.
[   ]

12 그 할아버지는 거친 땅을 農土로 가꾸었습니다.
[   ]

13 그 食堂은 얼마 전에 밥값을 내렸습니다.
[   ]

14 내가 그 사람과 對面한 것은 이번이 처음입니다.
[   ]

15 철수는 집근처에 있는 태권도 道場에 다닙니다.
[   ]

16 자세한 것은 圖表를 보면서 설명 드리겠습니다.
[   ]

17 선생님께서 읽어 주신 童話는 무척 슬펐습니다.
[   ]

18 소방관들이 급히 出動하여 불을 껐습니다.
[   ]

19 오늘 경기는 우리에게 有利하게 전개되어 갑
니다. [   ]

20 누나는 市立 도서관에서 취업 공부를 합니다.
[   ]

21 나는 每事에 덜렁대다가 실수를 자주 합니다.
[   ]

22 요즘은 바빠서 新聞 읽을 시간도 없습니다.
[   ]

23 교복을 共同으로 구매했습니다. [   ]

24 미영이는 信用 카드로 병원비를 결제하였습니
다. [   ]

25 그는 과거의 잘못을 뼈아프게 反省하고 있습
니다. [   ]

26 제가 당신을 만난 것은 정말 幸運이라고 생각
합니다. [   ]

27 에디슨은 전구를 發明했습니다. [   ]

28 나는 秋夕 연휴 때 극장에서 영화를 보았습니다.
[   ]

29 세상은 온통 白雪로 뒤덮여 눈이 부셨습니다.
[   ]

30 消風 전날 아이들은 잠을 이루지 못합니다.
[   ]

31 신혼살림을 방 한 칸으로 始作했습니다.
[   ]

32 그 약수터는 수질이 양호하여 安心하고 먹어
도 좋습니다. [   ]

02 다음 漢字의 訓(훈:뜻)과 音을 쓰세요. (33~61)

보기	字 → 글자 자

33 代 [   ]   34 業 [   ]

35 戰 [   ]   36 半 [   ]

37 育 [   ]   38 窓 [   ]

39 活 [   ]   40 弱 [   ]

41 分 [   ]   42 淸 [   ]

43 孝 [   ]   44 祖 [   ]

45 庭 [   ]   46 意 [   ]

47 和 [   ]   48 急 [   ]

49 等 [   ]   50 功 [   ]

51 放 [   ]   52 午 [   ]

53 昨 [   ]   54 藥 [   ]

55 花 [   ]   56 注 [   ]

57 飮 [   ]   58 形 [   ]

59 登 [   ]   60 歌 [   ]

61 理 [   ]

03 뜻이 서로 반대(상대)되는 漢字끼리 연결되지 <u>않은</u> 것을 고르세요. (62~63)

62 ① 江 – 山   ② 南 – 北
   ③ 老 – 少   ④ 身 – 體 [   ]

63 ① 先 – 後   ② 手 – 足
   ③ 正 – 直   ④ 天 – 地 [   ]

04 다음 ( ) 안의 글자에 해당하는 漢字를 〈보기〉에서 찾아 그 번호를 쓰세요. (64~65)

보기	① 空 ② 口 ③ 公 ④ 球

64 늦가을이 되자 새벽 (공)기가 제법 쌀쌀해졌습니다. [   ]

65 환경오염으로 인해 지(구) 온난화가 심각해지고 있습니다. [   ]

05 다음 漢字語의 알맞은 뜻을 쓰세요. (66~67)

66 記名   [   ]

67 住民   [   ]

06 다음 밑줄 친 漢字語를 漢字로 쓰세요. (68~77)

68 아버지는 <u>군인</u>의 길을 묵묵히 걸어오셨습니다.
   [   ]

69 오랜만에 <u>삼촌</u>이 우리 집에 놀러오셨습니다.
   [   ]

70 엄마, <u>학교</u> 다녀오겠습니다. [   ]

71 가을운동회는 우리 학교 <u>연중</u>행사의 하나입니다.
   [   ]

72 5월을 계절의 <u>여왕</u>이라 부릅니다. [   ]

73 지금 <u>교실</u>에 학생이 몇 명이나 있습니까?
   [   ]

74 엄마는 결혼식 축의금으로 <u>오만</u> 원을 냅니다.
   [   ]

75 이른 새벽에 누군가가 <u>대문</u>을 두드렸습니다.
   [   ]

76 영희는 <u>생일</u> 선물로 그림책을 받았습니다.
   [   ]

77 아버지 제사에 <u>형제</u>들이 다 모였습니다.
   [   ]

07 다음 漢字의 진하게 표시한 획은 몇 번째 쓰는 획인지 〈보기〉에서 찾아 그 번호를 쓰세요. (78~80)

보기	① 첫 번째	② 두 번째
	③ 세 번째	④ 네 번째
	⑤ 다섯 번째	⑥ 여섯 번째
	⑦ 일곱 번째	⑧ 여덟 번째
	⑨ 아홉 번째	⑩ 열 번째

78 林 [   ]   79 書 [   ]

80 春 [   ]

수험번호 □□□-□□-□□□□   **성명** □□□□□

생년월일 □□□□□□

※ 유성 싸인펜, 붉은색 필기구 사용 불가.

※ 답안지는 컴퓨터로 처리되므로 구기거나 더럽히지 마시고, 정답 칸 안에만 쓰십시오. 글씨가 채점란으로 들어오면 오답처리가 됩니다.

제   회 전국한자능력검정시험 6급Ⅱ 답안지(1)   (시험시간 50분)

번호	정답	1검	2검	번호	정답	1검	2검	번호	정답	1검	2검
1				14				27			
2				15				28			
3				16				29			
4				17				30			
5				18				31			
6				19				32			
7				20				33			
8				21				34			
9				22				35			
10				23				36			
11				24				37			
12				25				38			
13				26				39			

	감독위원	채점위원(1)		채점위원(2)		채점위원(3)	
	(서명)	(득점)	(서명)	(득점)	(서명)	(득점)	(서명)

※ 뒷면으로 이어짐

※ 답안지는 컴퓨터로 처리되므로 구기거나 더럽히지 마시고, 정답 칸 안에만 쓰십시오. 글씨가 채점란으로 들어오면 오답처리가 됩니다.

제　　회 전국한자능력검정시험 6급Ⅱ 답안지(2)

번호	정답	1검	2검	번호	정답	1검	2검	번호	정답	1검	2검
40				54				68			
41				55				69			
42				56				70			
43				57				71			
44				58				72			
45				59				73			
46				60				74			
47				61				75			
48				62				76			
49				63				77			
50				64				78			
51				65				79			
52				66				80			
53				67							

【제1회】 예상문제(21p~22p)

1 효자	2 활동	3 대화	4 화초
5 계산	6 형체	7 평화	8 광선
9 행운	10 주소	11 동풍	12 춘추
13 농촌	14 청색	15 천지	16 팔천
17 집중	18 직각	19 좌우	20 수족
21 조상	22 정답	23 전기	24 작가
25 자신	26 동의	27 음식	28 유리
29 왕명	30 약소	31 편안	32 세계
33 노래 가	34 쉴 휴	35 높을 고	36 공 구
37 빌 공	38 나눌 분	39 바다 해	40 모 방
41 그림 도	42 오를 등	43 아이 동	44 낮 면
45 필 발	46 입 구	47 수풀 림	48 눈 설
49 날랠 용	50 재주 술	51 믿을 신	52 그럴 연
53 때 시	54 밝을 명	55 내 천	56 무거울 중
57 마음 심	58 싸울 전	59 놓을 방	60 겉 표
61 쓸 용	62 ③	63 ④	64 ②
65 ③	66 잘못을 돌이켜 봄	67 물건을 만드는 곳	
68 教室	69 九月	70 生日	71 五年
72 兄弟	73 水門	74 南北	75 四寸
76 七萬	77 軍人	78 ⑩	79 ④
80 ⑥			

【제3회】 예상문제(29p~30p)

1 화색	2 대리	3 유리	4 반성
5 가풍	6 자체	7 동작	8 계산
9 신용	10 등수	11 각계	12 표면
13 반기	14 공평	15 소문	16 발육
17 수술	18 금방	19 기운	20 주문
21 내과	22 약초	23 현장	24 농업
25 전구	26 대화	27 시급	28 직선
29 음악	30 신동	31 편안	32 주민
33 뿔 각	34 효도 효	35 기록할 기	36 집 당
37 그럴 연	38 어제 작	39 가을 추	40 대답 답
41 매양 매	42 앞 전	43 고을 읍	44 물건 물
45 처음 시	46 쉴 휴	47 노래 가	48 글 서
49 꽃 화	50 목숨 명	51 새 신	52 창 창
53 마실 음	54 인간 세	55 겨울 동	56 설 립
57 사라질 소	58 눈 설	59 수풀 림	60 다행 행
61 약할 약	62 ④	63 ②	64 ④
65 ①	66 할머니	67 빈틈, 빈자리, 빈 사이	
68 青年	69 大門	70 兄弟	71 三寸
72 五月	73 白金	74 南北	75 東山
76 十萬	77 生日	78 ③	79 ⑤
80 ⑥			

【제2회】 예상문제(25p~26p)

1 반성	2 운동	3 시작	4 시민
5 장소	6 식목	7 오전	8 공기
9 매년	10 성공	11 입구	12 백성
13 체육	14 효심	15 전선	16 평화
17 부분	18 독서	19 세계	20 계산
21 자연	22 중간	23 단신	24 해풍
25 고음	26 편리	27 방면	28 유명
29 공업	30 농사	31 발명	32 노소
33 사라질 소	34 쓸 용	35 임금/주인 주	36 내 천
37 때 시	38 풀 초	39 편안 안	40 쉴 휴
41 모을 집	42 뒤 후	43 곧을 직	44 맑을 청
45 나타날 현	46 그림 도	47 눈 설	48 손 수
49 가을 추	50 수풀 림	51 뿔 각	52 봄 춘
53 꽃 화	54 올 래	55 집 당	56 노래 가
57 설 립	58 지아비 부	59 날랠 용	60 여름 하
61 아이 동	62 ③	63 ②	64 ①
65 ④	66 먹을(마실) 수 있는 물	67 하루 일을 기록함	
68 母女	69 南山	70 教室	71 軍人
72 先生	73 大學	74 三十五	75 四寸
76 北門	77 八月	78 ⑥	79 ⑧
80 ⑦			

【제4회】 예상문제(33p~34p)

1 정도	2 동작	3 이용	4 각자
5 발표	6 등고	7 동리	8 등기
9 방면	10 구장	11 반기	12 식림
13 성과	14 운명	15 공업	16 방출
17 이과	18 기체	19 농사	20 초당
21 회사	22 명분	23 산수	24 오색
25 직선	26 동성	27 심신	28 가정
29 소문	30 현세	31 전신	32 시대
33 셀 계	34 물건 물	35 나눌 반	36 글 서
37 눈 설	38 사라질 소	39 지아비 부	40 급할 급
41 재주 술	42 비로소 시	43 뿔 각	44 매양 매
45 편안 안	46 마을 촌	47 있을 유	
48 편할 편 / 똥오줌 변	49 빛 광	50 사이 간	
51 그럴 연	52 살 활	53 모을 집	54 쉴 휴
55 모양 형	56 새 신	57 다행 행	58 약 약
59 귀신 신	60 부을 주	61 말씀 화	62 ④
63 ④	64 ②	65 ①	66 늙은이와 젊은이
67 봄과 가을 / 나이		68 萬民	69 校外
70 教生	71 先金	72 南東	73 女人
74 十年	75 父母	76 三寸	77 青軍
78 ⑤	79 ⑤	80 ⑥	

【제5회】 예상문제(37p~38p)

1 행운	2 광명	3 발전소	4 음식
5 평화	6 용기	7 동화	8 대립
9 청산	10 표현	11 작금	12 초당
13 반분	14 창문	15 교정	16 풍문
17 이과	18 직각	19 시작	20 안락
21 고지	22 형성	23 신체	24 화약
25 서도	26 신용	27 농업	28 편리
29 학계	30 각자	31 설산	32 동시
33 효도 효	34 무거울 중	35 낮 오	36 재주 술
37 떼 부	38 물건 물	39 늙을 로	40 움직일 동
41 급할 급	42 빌 공	43 안 내	44 오를 등
45 놓을 방	46 사라질 소	47 살필 성/덜 생	48 오른 우
49 싸움 전	50 내 천	51 꽃 화	52 살 주
53 저녁 석	54 지아비 부	55 대답 답	56 노래 가
57 공 구	58 매양 매	59 일 사	60 있을 유
61 모 방	62 ②	63 ④	64 ③
65 ②	66 다음 해	67 여름과 겨울	68 東西
69 北軍	70 三日	71 八月	72 十一
73 父母	74 萬民	75 王中王	76 靑白
77 五六	78 ⑤	79 ⑤	80 ⑧

【제6회】 예상문제(41p~42p)

1 신동	2 세계	3 고수	4 시조
5 집계	6 부족	7 공평	8 방심
9 성공	10 공유	11 과연	12 구장
13 광선	14 도형	15 사리	16 이용
17 작명	18 명백	19 반성	20 발표
21 신체	22 대화	23 서당	24 소풍
25 신문	26 약초	27 현대	28 자활
29 휴업	30 시급	31 전면	32 추석
33 짧을 단	34 바 소	35 수풀 림	36 믿을 신
37 나눌 분	38 뒤 후	39 눈 설	40 창 창
41 사이 간	42 살 주	43 뜻 의	44 반 반
45 옮길 운	46 목숨 명	47 다행 행	48 약할 약
49 뿔 각	50 어제 작	51 올 래	52 마실 음
53 이제 금	54 기운 기	55 설 립	56 낮 오
57 마을 촌	58 나눌 반	59 부을 주	60 무리 등
61 각각 각	62 ④	63 ②	64 ⑥
65 ④	66 농사짓는 데 쓰는 땅	67 밖에서 음식을 사 먹음	
68 教室	69 學年	70 五萬	71 七月
72 大門	73 校長	74 西山	75 軍人
76 母女	77 先金	78 ⑦	79 ⑩
80 ⑥			

【제7회】 예상문제(45p~46p)

1 화초	2 광선	3 형체	4 청색
5 직각	6 강풍	7 해전	8 발전
9 신문	10 대화	11 도면	12 백성
13 불신	14 운동	15 평화	16 휴일
17 시작	18 화산	19 반성	20 농업
21 만물	22 공기	23 족구	24 음식
25 독서	26 주소	27 매월	28 선조
29 시장	30 창문	31 시간	32 성과
33 뜻 의	34 재주 재	35 다행 행	36 눈 설
37 낮 오	38 물 댈 주	39 지경 계	40 아이 동
41 목숨 명	42 놓을 방	43 지아비 부	44 노래 가
45 내 천	46 종이 지	47 사라질 소	48 뜰 정
49 모을 집	50 공 공	51 기록할 기	52 집 당
53 설 립	54 밝을 명	55 모 방	56 여름 하
57 맑을 청	58 무거울 중	59 나타날 현	60 스스로 자
61 저녁 석	62 ④	63 ③	64 ①
65 ④	66 수를 셈하는 것	67 왼손	68 三年
69 大學校	70 四寸	71 教室	72 南東
73 北西	74 五十	75 土木	76 兄弟
77 軍人	78 ⑥	79 ⑫	80 ⑨

【제8회】 예상문제(49p~50p)

1 기사	2 등산	3 도리	4 지구
5 의표	6 작금	7 가수	8 전기
9 활동	10 동심	11 평화	12 성명
13 소문	14 노소	15 음식	16 식물
17 직립	18 운명	19 고공	20 도서
21 반대	22 대신	23 동시	24 가정
25 계산	26 해외	27 출입	28 차창
29 발족	30 좌우	31 세계	32 방면
33 효도 효	34 바람 풍	35 가을 추	36 무거울 중
37 있을 유	38 눈 설	39 놓을 방	40 이로울 리
41 겨울 동	42 입 구	43 올 래	44 지아비 부
45 살필 성	46 낮 오	47 살 주	48 모을 집
49 맑을 청	50 여름 하	51 말씀 화	52 사라질 소
53 기 기	54 무리 등	55 마을 리	56 줄 선
57 셈 수	58 마당 장	59 내 천	60 다행 행
61 꽃 화	62 ③	63 ②	64 ④
65 ②	66 숲 속	67 한 동네에 사는 사람	
68 兄弟	69 七日	70 大門	71 生水
72 萬人	73 教室	74 九年	75 白金
76 女王	77 中小	78 ④	79 ⑦
80 ⑨			

【제9회】 예상문제(53p～54p)

1 초가	2 사각	3 각계	4 시간
5 차편	6 집계	7 과연	8 광선
9 방금	10 현금	11 장남	12 농토
13 식당	14 대면	15 도장	16 도표
17 동화	18 출동	19 유리	20 시립
21 매사	22 신문	23 공동	24 신용
25 반성	26 행운	27 발명	28 추석
29 백설	30 소풍	31 시작	32 안심
33 대신 대	34 업 업	35 싸움 전	36 반 반
37 기를 육	38 창 창	39 살 활	40 약할 약
41 나눌 분	42 맑을 청	43 효도 효	44 할아비 조
45 뜰 정	46 뜻 의	47 화할 화	48 급할 급
49 무리 등	50 공 공	51 놓을 방	52 낮 오
53 어제 작	54 약 약	55 꽃 화	56 부을 주
57 마실 음	58 모양 형	59 오를 등	60 노래 가
61 다스릴 리	62 ④	63 ③	64 ①
65 ④	66 이름을 적음	67 일정한 지역에 살고 있는 사람	
68 軍人	69 三寸	70 學校	71 年中
72 女王	73 教室	74 五萬	75 大門
76 生日	77 兄弟	78 ⑦	79 ⑤
80 ⑦			

한자능력검정시험

6급 II 기출문제 (97~104회)

- 기출문제(97~104회)
- 정답(86p~87p)

→ 본 기출문제는 수험생들의 기억에 의하여 재생된 문제입니다.

제97회
2022. 05. 28 시행
(社) 한국어문회 주관·한국한자능력검정회 시행
한자능력검정시험 6급Ⅱ 기출문제
문 항 수 : 80문항
합격문항 : 56문항
제한시간 : 50분

01 다음 밑줄 친 漢字語의 讀音을 쓰세요. (1~32)

보기   漢字 → 한자

1 新聞에서 새 소식을 알게 되었습니다. [   ]

2 그는 理科를 지망하였습니다. [   ]

3 집에 있는 花草에 물을 주었습니다. [   ]

4 飲食 쓰레기는 따로 버립시다. [   ]

5 새는 空中을 날아다닙니다. [   ]

6 김연아 선수는 피겨 世界 챔피언입니다.
[   ]

7 학교에서 집으로 出發하였습니다. [   ]

8 삼촌은 무역을 해서 크게 成功하였습니다.
[   ]

9 행복한 家庭에는 항상 웃음꽃이 피어납니다.
[   ]

10 민수는 어제 다리를 手術하였습니다. [   ]

11 민수와 성주는 초등학교 同窓입니다. [   ]

12 사각형과 원 같은 것을 圖形이라고 부릅니다.
[   ]

13 전기가 흐르는 선을 電線이라고 합니다. [   ]

14 화장실을 깨끗이 利用합시다. [   ]

15 철수는 體育 시간에 칭찬을 받았습니다. [   ]

16 注入식 교육은 좋은 방법이 아닙니다. [   ]

17 左右를 둘러보아도 강아지가 보이지 않았습니다.
[   ]

18 各自 맡은 일에 충실 합시다. [   ]

19 옛날에는 農事가 제일 중요한 산업이었습니다.
[   ]

20 처음 하는 일에는 勇氣가 필요합니다. [   ]

21 住民들은 대부분 반대하였습니다. [   ]

22 우리와 反對되는 의견도 참고하여야 합니다.
[   ]

23 두 학급으로 分班하여 공부했습니다. [   ]

24 친구들과 화단을 만드는 作業을 하였습니다.
[   ]

25 대통령은 우리나라를 代表하는 분입니다.
[   ]

26 뛰어 노는 場所에서만 놀아야 안전합니다.
[   ]

27 약속 時間을 어겨서는 안 됩니다. [   ]

28 영희는 특히 算數를 잘 합니다. [   ]

29 이 학생은 道內 시합에서 금상을 수상했습니다.
[   ]

30 명절에는 祖上의 산소를 찾아갑니다. [   ]

31 시험지에 姓名을 정확히 써야 합니다. [   ]

32 모두가 사용하는 公共시설은 깨끗하게 사용합니다.
[   ]

02 다음 漢字의 訓(훈: 뜻)과 音을 쓰세요. (33~61)

보기   字 → 글자 자

33 明 [   ]   34 意 [   ]

35 現 [   ]   36 才 [   ]

37 省 [   ]   38 身 [   ]

39 昨 [   ]   40 信 [   ]

41 活 [   ]   42 堂 [   ]

43 角 [   ]   44 果 [   ]

45 集 [   ]   46 藥 [   ]

47 始 [   ]   48 計 [   ]

49 今 [   ]   50 急 [   ]

51 消 [   ]   52 放 [   ]

53 神 [   ]   54 幸 [   ]

55 風 [   ]   56 光 [   ]

57 社 [   ]   58 然 [   ]

59 淸 [   ]   60 弱 [   ]

61 樂 [   ]

03 다음 중 뜻이 서로 반대(또는 상대)되는 漢字끼리 연결되지 않은 것을 찾아 그 번호를 쓰세요. (62~63)

62 ① 長 ↔ 短   ② 天 ↔ 地
   ③ 洞 ↔ 里   ④ 先 ↔ 後
                              [   ]

63 ① 物 ↔ 心   ② 和 ↔ 戰
   ③ 運 ↔ 動   ④ 敎 ↔ 學
                              [   ]

04 다음 문장에 어울리는 漢字語가 되도록 (   ) 안에 알맞은 漢字를 〈보기〉에서 찾아 그 번호를 쓰세요. (64~65)

보기   ① 正   ② 夫   ③ 高   ④ 安

64 그는 비록 가난했지만 (   )直하고 바르게 살려고 노력했다.

65 한적한 시골길을 걸으니 마음이 便(   )해집니다.

05 다음 뜻에 맞는 漢字語를 〈보기〉에서 찾아 그 번호를 쓰세요. (66~67)

보기   ① 白雪   ② 等外   ③ 半球
       ④ 北部   ⑤ 車主   ⑥ 童話

66 차의 주인.   [   ]

67 정해진 등급 안에 들지 못한 바깥.   [   ]

06 다음 밑줄 친 漢字語를 漢字로 쓰세요. (68~77)

68 부녀 사이가 아주 다정합니다.   [   ]

69 군인은 나라를 지켜주는 사람입니다.   [   ]

70 칠월에는 방학이 시작됩니다.   [   ]

71 우리 집안은 사촌끼리도 자주 만납니다.
                                        [   ]

72 아일랜드의 화산에서 연기가 솟아나고 있습니다.
                                        [   ]

73 십년에 한번 올까 말까한 기회입니다. [   ]

74 토목공사가 한창 벌어지고 있었습니다. [   ]

75 한강은 서울을 관통하여 동서로 흐릅니다.
                                        [   ]

76 옆 집 형제는 둘이서 싸우지 않고 참 잘 놉니다.
                                        [   ]

77 우리나라에서는 보통 생일에 미역국을 먹습니다.
                                        [   ]

07 다음 漢字의 짙게 표시한 획은 몇 번째 쓰는 획인지 〈보기〉에서 찾아 그 번호를 쓰세요. (78~80)

보기   ① 첫 번째   ② 두 번째
       ③ 세 번째   ④ 네 번째
       ⑤ 다섯 번째   ⑥ 여섯 번째
       ⑦ 일곱 번째   ⑧ 여덟 번째

78 每   [   ]

79 命   [   ]

80 少   [   ]

제98회
2022. 08. 27 시행

(社) 한국어문회 주관·한국한자능력검정회 시행

한자능력검정시험 6급Ⅱ 기출문제

문 항 수 : 80문항
합격문항 : 56문항
제한시간 : 50분

01 다음 밑줄 친 漢字語의 讀音을 쓰세요. (1~32)

보기   漢字 → 한자

1 학교 주변 車道에서는 속도를 낮추어야 합니다.

[   ]

2 제 동생의 취미는 讀書입니다.   [   ]

3 요즘은 動物을 가족처럼 생각합니다.   [   ]

4 태양광을 이용한 電氣 생산이 늘고 있습니다.

[   ]

5 좋지 않은 所聞은 사실이 아닌 경우가 더 많습니다.

[   ]

6 통신의 발달로 世界는 점점 가까워지고 있습니다.

[   ]

7 제가 상을 받게 된 것은 幸運이지 실력 때문이 아
닙니다.   [   ]

8 저는 地圖를 잘 못 읽습니다.   [   ]

9 인류에게 平和보다 중요한 것은 없습니다.

[   ]

10 노력하는 天才가 세상을 바꿉니다.   [   ]

11 환자에게는 心身의 안정이 필요합니다. [   ]

12 자기 전에 하루를 反省하는 시간을 갖습니다.

[   ]

13 어릴 때부터 食事 예절을 가르쳐야 합니다.

[   ]

14 아버지는 花草를 정말 좋아하십니다.   [   ]

15 홈구장에서 경기를 하면 홈팀에게 有利합니다.

[   ]

16 유명한 現代 미술가의 작품들을 한눈에 감상할 수
있습니다.   [   ]

17 공부할 때는 集中하는 습관을 가져야 합니다.

[   ]

18 제 꿈은 좋은 作家가 되는 것입니다.   [   ]

19 정부는 農業을 살리기 위해 노력해야 합니다.

[   ]

20 우리 교실에는 큰 窓門이 있습니다.   [   ]

21 오랜만에 市場에 다녀왔습니다.   [   ]

22 算數를 싫어했는데 선생님 덕분에 좋아하게 되었
습니다.   [   ]

23 낯선 곳에 가면 風土가 달라서 고생하기 마련입니다.

[   ]

24 옛날이야기에는 孝子가 많이 등장합니다.

[   ]

25 비교 실험은 同一 조건에서 실시해야 합니다.

[   ]

26 이 소설은 人間의 본성을 잘 그렸다는 평가를 받
았습니다.   [   ]

27 결승전에서 果然 어느 팀이 우승할지 궁금합니다.

[   ]

28 수술로 光明을 되찾은 환자가 눈물을 흘리고 있습
니다.   [   ]

29 今年에는 회사 매출이 대폭 늘어날 것입니다.

[   ]

30 저는 신나는 音樂을 좋아합니다.   [   ]

31 住民의 안전을 위해 가로등을 추가로 설치했습니다.

[   ]

32 터널 공사로 두 도시가 直線으로 연결되었습니다.

[   ]

02 다음 漢字의 訓(훈: 뜻)과 음을 쓰세요. (33~61)

보기	字 → 글자 자

33 命 [   ]　　34 歌 [   ]

35 新 [   ]　　36 力 [   ]

37 林 [   ]　　38 勇 [   ]

39 植 [   ]　　40 體 [   ]

41 童 [   ]　　42 夕 [   ]

43 信 [   ]　　44 庭 [   ]

45 雪 [   ]　　46 淸 [   ]

47 發 [   ]　　48 高 [   ]

49 放 [   ]　　50 休 [   ]

51 百 [   ]　　52 始 [   ]

53 老 [   ]　　54 秋 [   ]

55 意 [   ]　　56 敎 [   ]

57 夫 [   ]　　58 祖 [   ]

59 社 [   ]　　60 注 [   ]

61 消 [   ]

03 다음 중 뜻이 서로 반대(또는 상대)되는 漢字끼리 연결되지 않은 것을 찾아 그 번호를 쓰세요. (62~63)

62 ① 先 ↔ 後　　② 夏 ↔ 冬
　　③ 大 ↔ 小　　④ 對 ↔ 答
　　　　　　　　　　　　[   ]

63 ① 東 ↔ 西　　② 出 ↔ 入
　　③ 便 ↔ 重　　④ 長 ↔ 短
　　　　　　　　　　　　[   ]

04 다음 문장에 어울리는 漢字語가 되도록 ( ) 안에 알맞은 漢字를 〈보기〉에서 찾아 그 번호를 쓰세요. (64~65)

보기	① 話　② 部　③ 公　④ 登

64 이 책은 마지막 (   )分이 제일 재미있습니다.

65 나라마다 오래된 神(   )가 있습니다.

05 다음 뜻에 맞는 漢字語를 〈보기〉에서 찾아 그 번호를 쓰세요. (66~67)

보기	① 戰術　② 形成　③ 會計 ④ 四角　⑤ 正色　⑥ 自白

66 스스로 죄를 고백함.　　　　　[   ]

67 어떠한 모양을 이룸.　　　　　[   ]

06 다음 밑줄 친 漢字語를 漢字로 쓰세요. (68~77)

68 해마다 여군이 되고 싶어 하는 사람들이 늘고 있습니다.　　　　　　　　　　　　[   ]

69 저는 삼촌하고 사이가 좋습니다.　[   ]

70 올해 생일에는 친구들과 파티를 하고 싶습니다.
　　　　　　　　　　　　[   ]

71 우리 고향은 산수가 아름다운 곳입니다.
　　　　　　　　　　　　[   ]

72 유럽의 여러 국가들은 왕실의 권위를 중요하게 생각합니다.　　　　　　　　　[   ]

73 우리 형제는 좋아하는 음식도 같습니다.
　　　　　　　　　　　　[   ]

74 학교에서는 다양한 것을 배웁니다.　[   ]

75 옛날에는 육십이 아주 많은 나이였습니다.
　　　　　　　　　　　　[   ]

76 칠월에 가족들과 여행을 했습니다.　[   ]

77 부모의 역할은 아무리 강조해도 지나치지 않습니다.
　　　　　　　　　　　　[   ]

07 다음 漢字의 짙게 표시한 획은 몇 번째 쓰는 획인지 〈보기〉
에서 찾아 그 번호를 쓰세요. (78~80)

보기	① 첫 번째	② 두 번째
	③ 세 번째	④ 네 번째
	⑤ 다섯 번째	⑥ 여섯 번째
	⑦ 일곱 번째	⑧ 여덟 번째
	⑨ 아홉 번째	⑩ 열 번째
	⑪ 열한 번째	⑫ 열두 번째
	⑬ 열세 번째	

78 弱   [   ]

79 飮   [   ]

80 班   [   ]

제99회
2022. 11. 26 시행
(社) 한국어문회 주관·한국한자능력검정회 시행
한자능력검정시험 6급Ⅱ 기출문제
문 항 수 : 80문항
합격문항 : 56문항
제한시간 : 50분

01 다음 밑줄 친 漢字語의 讀音을 쓰세요. (1~32)

보기
漢字 → 한자

1 긴급 차량이 지나가면 車線을 양보합니다.
[   ]

2 비 온 뒤에 五色빛깔 무지개가 생겼습니다.
[   ]

3 동생은 무엇에 心氣가 상했는지 하루 종일 뽀로통 합니다. [   ]

4 퇴근길 인천 方面 고속도로가 정체되었습니다.
[   ]

5 이 역은 새 철도의 始發 지점이 될 것입니다.
[   ]

6 양편의 팽팽한 의견 對立을 대화로 풀어나갔습니다.
[   ]

7 그는 이번에도 有力한 우승 후보와 맞붙게 되었습 니다. [   ]

8 이 골짜기에는 다양한 木草들이 자라고 있습니다.
[   ]

9 우리 팀은 공격 축구로 戰術을 바꾸었습니다.
[   ]

10 아이들이 어른들의 행동을 흉내 내는 것은 自然스 러운 일입니다. [   ]

11 이 건물에는 여섯 家口가 살고 있습니다.
[   ]

12 할머니께서는 오전에 邑內에 장을 보러 가셨습니다.
[   ]

13 전학 간 친구가 손 便紙를 써서 보내왔습니다.
[   ]

14 海圖는 바다의 상태를 자세히 적어 넣은 항해용 지도입니다. [   ]

15 경찰은 그가 범인이라는 明白한 증거를 찾았습니다.
[   ]

16 영희가 온다기에 洞里의 어귀까지 마중을 나갔습 니다. [   ]

17 막내 동생은 곰人形을 안고 잡니다. [   ]

18 벌거숭이 임금님은 놀림을 당하는 身世가 되었습 니다. [   ]

19 바닷가 植物은 대개 잎에 살이 많고 두껍습니다.
[   ]

20 아이들이 선생님의 말씀에 注意를 기울였습니다.
[   ]

21 최근에는 外來 식물들이 생태계를 파괴한다고 합 니다. [   ]

22 할아버지께서는 자연을 벗 삼아 農村에서 지내십 니다. [   ]

23 무분별하게 登場하는 신조어들은 우리말을 혼란스 럽게 만듭니다. [   ]

24 數千 마리의 오리가 일제히 날아올라 장관을 이룹 니다. [   ]

25 아이들이 쓴 동시를 모아 한 권의 文集을 만들었 습니다. [   ]

26 임산물을 나르기 위하여 산림 속에 닦아 놓은 길 을 林道라고 합니다. [   ]

27 생각은 언어를 통해 表現됩니다. [   ]

28 오래된 카메라가 잘 作動되는지 점검하였습니다.
[   ]

29 바람을 利用하여 풍차를 돌립니다. [   ]

30 팔당댐에서는 이미 2만톤의 물을 放水했습니다.
[   ]

31 앞구르기를 하려면 <u>上體</u>를 구부려야 합니다.

[   ]

32 깜빡거리는 <u>電球</u>를 새 것으로 갈아 끼웠습니다.

[   ]

02 다음 漢字의 訓(훈: 뜻)과 音을 쓰세요. (33~61)

보기	字 → 글자 자

33 旗 [   ] **34** 堂 [   ]

35 育 [   ] **36** 住 [   ]

37 祖 [   ] **38** 樂 [   ]

39 角 [   ] **40** 冬 [   ]

41 等 [   ] **42** 公 [   ]

43 各 [   ] **44** 班 [   ]

45 雪 [   ] **46** 光 [   ]

47 幸 [   ] **48** 聞 [   ]

49 消 [   ] **50** 省 [   ]

51 歌 [   ] **52** 重 [   ]

53 功 [   ] **54** 神 [   ]

55 書 [   ] **56** 庭 [   ]

57 才 [   ] **58** 急 [   ]

59 界 [   ] **60** 理 [   ]

61 勇 [   ]

03 다음 중 뜻이 서로 반대(또는 상대)되는 漢字끼리 연결 <u>되지 않은</u> 것을 찾아 그 번호를 쓰세요. (62~63)

62 ① 長 ↔ 短   ② 春 ↔ 秋

　　③ 計 ↔ 算   ④ 正 ↔ 反

[   ]

63 ① 共 ↔ 同   ② 高 ↔ 下

　　③ 入 ↔ 出   ④ 昨 ↔ 今

[   ]

04 다음 문장에 어울리는 漢字語가 되도록 (   ) 안에 알맞은 漢字를 〈보기〉에서 찾아 그 번호를 쓰세요. (64~65)

보기	① 平　　② 飮　　③ 地　　④ 夏

64 고요한 새벽 강가의 풍경이 (___)和롭게 느껴집니다.

65 이곳은 土(___)가 비옥하여 농사를 짓기에 알맞습니다.

05 다음 뜻에 맞는 漢字語를 〈보기〉에서 찾아 그 번호를 쓰세요. (66~67)

보기	① 分業　　② 會話　　③ 十代 ④ 所信　　⑤ 成果　　⑥ 命名

66 굳게 믿고 있는 바.   [   ]

67 일을 나누어서 함.   [   ]

06 다음 밑줄 친 漢字語를 漢字로 쓰세요. (68~77)

68 상민이와 나는 같은 <u>학교</u>에 다닙니다. [   ]

69 작은 <u>삼촌</u>은 현재 군복무 중입니다.   [   ]

70 우리 마을 <u>남동</u>쪽에는 큰 연못이 있습니다.

[   ]

71 모든 <u>부모</u>님들은 아이들이 올바르게 자라기를 바랍니다.   [   ]

72 예진이는 <u>교실</u>의 온도 변화를 관찰하기로 하였습니다.   [   ]

73 소화기는 <u>만일</u>의 화재를 대비해 눈에 잘 보이는 곳에 둡니다.   [   ]

74 새로 오신 <u>선생</u>님은 3학년 담임을 맡으셨습니다.

[   ]

75 아직 <u>구월</u> 초순이지만 산 속은 벌써 춥습니다.

[   ]

76 동네 <u>청년</u>들이 마을 어르신들을 모시고 잔치를 열
었습니다. [   ]

77 나무꾼이 깊은 <u>산중</u>에서 사슴을 만났습니다.

[   ]

07 다음 漢字의 짙게 표시한 획은 몇 번째 쓰는 획인지 〈보기〉
에서 찾아 그 번호를 쓰세요. (78~80)

보기	① 첫 번째	② 두 번째
	③ 세 번째	④ 네 번째
	⑤ 다섯 번째	⑥ 여섯 번째
	⑦ 일곱 번째	⑧ 여덟 번째
	⑨ 아홉 번째	⑩ 열 번째

78 弱 [   ]

79 半 [   ]

80 後 [   ]

제100회
2023. 02. 25 시행

(社) 한국어문회 주관·한국한자능력검정회 시행

한자능력검정시험 6급 II 기출문제

문 항 수 : 80문항
합격문항 : 56문항
제한시간 : 50분

01 다음 밑줄 친 漢字語의 讀音을 쓰세요. (1~32)

보기   漢字 → 한자

1 이 책은 <u>兄弟</u> 간의 우애를 소재로 하고 있습니다.
[   ]

2 우리 동네에는 유명한 <u>國立</u> 공원이 있습니다.
[   ]

3 작년에는 <u>休日</u>이 예년에 비해 많았습니다.
[   ]

4 겨울 <u>海風</u>으로 배추가 더 맛있어졌습니다.
[   ]

5 사무실 <u>空間</u>을 더 효율적으로 쓰기 위해 공사를
했습니다. [   ]

6 <u>會計</u> 부서에 새 직원을 뽑았습니다. [   ]

7 그 사람은 <u>天才</u> 시인으로 불립니다. [   ]

8 배우들의 멋진 연기로 영화가 큰 <u>成功</u>을 거두었습
니다. [   ]

9 몇몇 <u>農村</u> 지역에는 청년 인구가 증가하고 있습니다.
[   ]

10 반장을 <u>代理</u>하여 회의에 참석하였습니다.
[   ]

11 설계 <u>圖面</u>에 따라 정확하게 건축하였습니다.
[   ]

12 개교 100주년 기념식에서 <u>同窓</u>들을 만났습니다.
[   ]

13 제 동생은 <u>音樂</u>에 관심이 많습니다. [   ]

14 연구원들이 <u>全力</u>을 다하여 신기술 개발에 성공했
습니다. [   ]

15 더 <u>便利</u>하고 안전해진 철도를 이용하십시오.
[   ]

16 아파트 <u>住民</u>의 의견을 투표로 모으고 있습니다.
[   ]

17 우리 선생님은 <u>每事</u>에 빈틈이 없으십니다.
[   ]

18 이곳에 <u>姓名</u>을 한자로 쓰십시오. [   ]

19 <u>數學</u>이 얼마나 중요한지 새삼 느끼고 있습니다.
[   ]

20 이 일을 <u>始作</u>할 때 부모님께서 많이 격려해 주셨
습니다. [   ]

21 명절 음식 준비로 <u>市場</u>에 사람들이 많습니다.
[   ]

22 실내 공기 정화를 위해 <u>植物</u>을 키우고 있습니다.
[   ]

23 건강을 위해 <u>食後</u>에 산책을 하는 것이 좋습니다.
[   ]

24 중요한 이야기는 <u>電話</u>보다 직접 만나서 하는 것이
좋습니다. [   ]

25 제가 한 농담에 친구가 <u>正色</u>을 해서 당황했습니다.
[   ]

26 그 가수의 음반 판매량이 <u>百萬</u>을 넘어 섰습니다.
[   ]

27 각 <u>地方</u>마다 유명한 토속 음식이 있습니다.
[   ]

28 자전거 도로가 <u>直線</u>으로 뻗어 있는 코스입니다.
[   ]

29 공무원은 <u>公共</u>의 이익을 위해 노력해야 합니다.
[   ]

30 요즘은 날씨가 계속 <u>清明</u>해서 사람들이 여행을 많
이 떠납니다. [   ]

31 환경 문제 해결을 위해 <u>各界</u>의 전문가들이 모였습니다. [   ]

32 이 테이블은 다용도로 <u>活用</u> 가능합니다. [   ]

02 다음 漢字의 訓(훈: 뜻)과 音을 쓰세요. (33~61)

보기	字 → 글자 자

33 家 [   ] 34 光 [   ]

35 堂 [   ] 36 命 [   ]

37 分 [   ] 38 雪 [   ]

39 然 [   ] 40 自 [   ]

41 花 [   ] 42 高 [   ]

43 軍 [   ] 44 動 [   ]

45 班 [   ] 46 書 [   ]

47 時 [   ] 48 有 [   ]

49 戰 [   ] 50 童 [   ]

51 聞 [   ] 52 山 [   ]

53 消 [   ] 54 新 [   ]

55 育 [   ] 56 果 [   ]

57 發 [   ] 58 南 [   ]

59 道 [   ] 60 林 [   ]

61 九 [   ]

03 다음 중 뜻이 서로 반대(또는 상대)되는 漢字끼리 <u>연결되지 않은</u> 것을 찾아 그 번호를 쓰세요. (62~63)

62 ① 長 ↔ 短   ② 川 ↔ 江
   ③ 老 ↔ 少   ④ 昨 ↔ 今
   [   ]

63 ① 手 ↔ 足   ② 心 ↔ 身
   ③ 水 ↔ 火   ④ 里 ↔ 邑
   [   ]

04 다음 문장에 어울리는 漢字語가 되도록 (   ) 안에 알맞은 漢字를 〈보기〉에서 찾아 그 번호를 쓰세요. (64~65)

보기	① 省 ② 集 ③ 形 ④ 意

64 다양한 (   )體를 가진 신물질이 개발되고 있습니다.

65 저녁마다 하루를 反(   )하는 시간을 가집니다.

05 다음 뜻에 맞는 漢字語를 〈보기〉에서 찾아 그 번호를 쓰세요. (66~67)

보기	① 世上 ② 問題 ③ 平安
	④ 出現 ⑤ 不幸 ⑥ 勇氣

66 씩씩한 의기. [   ]

67 해답을 필요로 하는 물음. [   ]

06 다음 밑줄 친 漢字語를 漢字로 쓰세요. (68~77)

68 <u>오월</u>에는 기념일이 아주 많습니다. [   ]

69 선생님이 <u>교실</u>에 들어서자 아이들은 갑자기 조용해졌습니다. [   ]

70 그 소설가는 <u>일생</u>을 바쳐 준비한 대하소설을 출판하였습니다. [   ]

71 요즘은 점점 <u>사촌</u>을 만날 기회가 없습니다.
   [   ]

72 우리 <u>모녀</u>는 성격까지 많이 닮았습니다.
   [   ]

73 시험이 끝날 때쯤 부모님들이 <u>교문</u> 앞에 다시 모여들었습니다. [   ]

74 한 직장에서 <u>십년</u> 동안 일을 했습니다. [   ]

75 마을 뒷산에 외곽 도로를 놓는 <u>토목</u> 공사가 한창입니다. [   ]

76 개와 고양이는 <u>동서</u>를 막론하고 인류와 가까운 동
    물입니다.   [   ]

77 세종대왕은 <u>선왕</u>이 살아 있는 동안 왕위를 계승하
    였습니다.   [   ]

07 다음 漢字의 짙게 표시한 획은 몇 번째 쓰는 획인지 〈보기〉
    에서 찾아 그 번호를 쓰세요. (78~80)

보기	① 첫 번째	② 두 번째
	③ 세 번째	④ 네 번째
	⑤ 다섯 번째	⑥ 여섯 번째
	⑦ 일곱 번째	⑧ 여덟 번째
	⑨ 아홉 번째	⑩ 열 번째
	⑪ 열한 번째	⑫ 열두 번째

78 金   [   ]

79 部   [   ]

80 答   [   ]

제101회
2023. 06. 03 시행
(社) 한국어문회 주관·한국한자능력검정회 시행
한자능력검정시험 6급Ⅱ 기출문제
문 항 수 : 80문항
합격문항 : 56문항
제한시간 : 50분

01 다음 밑줄 친 漢字語의 讀音을 쓰세요. (1~32)

보기　　　　　漢字 → 한자

1 우리말 속에는 색채에 대한 다양한 <u>表現</u>이 있습니다.
[　　　]

2 단군 <u>神話</u>에는 곰과 호랑이가 등장합니다.
[　　　]

3 이번 탐방은 <u>公用</u> 버스를 이용하기로 하였습니다.
[　　　]

4 동생은 아이스크림을 먹고 <u>氣分</u>이 좋아졌습니다.
[　　　]

5 경기가 좋아지자 회사는 <u>事業</u>을 확장하였습니다.
[　　　]

6 할아버지 댁에는 마당 한 켠에 조그마한 <u>草堂</u>이
있습니다.　　　　　　　[　　　]

7 <u>前代</u>에는 볼 수 없었던 특별한 일이 벌어졌습니다.
[　　　]

8 <u>果然</u> 어느 팀이 승리할지 흥미진진합니다.
[　　　]

9 이곳 방문객의 <u>半數</u> 이상이 외국인입니다.
[　　　]

10 회사 내의 전화는 모두 <u>有線</u>으로 연결되어 있습니다.
[　　　]

11 도시 <u>全體</u>가 안개 속에 잠겼습니다.　[　　　]

12 비석에는 무덤 속 인물의 행적이 <u>明記</u>되어 있었습
니다.　　　　　　　　[　　　]

13 사장은 <u>部下</u> 직원들과 회식을 자주 합니다.
[　　　]

14 영희는 <u>對答</u> 대신 고개를 끄덕였습니다.
[　　　]

15 나팔의 모양은 소뿔처럼 생긴 <u>角形</u>이었습니다.
[　　　]

16 외갓집 한옥은 <u>高祖</u> 때부터 사시던 건물입니다.
[　　　]

17 실제와 반대되는 뜻의 말을 하는 것을 <u>反語</u>라고
합니다.　　　　　　　[　　　]

18 태양은 은하계의 중심에서 3만 <u>光年</u>이나 떨어져
있습니다.　　　　　　　[　　　]

19 소방관들이 산불 현장으로 <u>火急</u>히 출동합니다.
[　　　]

20 슬픔을 함께 나누는 것은 친구의 <u>道理</u>라고 생각합
니다.　　　　　　　　[　　　]

21 사람이 늙어서 죽는 것은 피할 수 없는 <u>運命</u>입니다.
[　　　]

22 공주가 나무꾼과 결혼할 거라는 <u>所聞</u>이 파다합니다.
[　　　]

23 국내 기업이 자동 주행 장치 개발에 <u>成功</u>했습니다.
[　　　]

24 이 <u>藥水</u>는 톡 쏘는 맛이 납니다.　[　　　]

25 김 박사는 <u>食飮</u>도 전폐한 채 연구에 몰두하였습니다.
[　　　]

26 요즘에는 사용하기 <u>便利</u>한 가전제품들이 많습니다.
[　　　]

27 여름 감기에 걸리지 않도록 <u>注意</u>하십시오.
[　　　]

28 법 앞에서는 모든 사람이 <u>平等</u>합니다.　[　　　]

29 가정은 사회를 이루는 가장 기초적인 <u>共同</u>체입니다.
[　　　]

30 이곳 <u>球場</u>은 만 명의 관중을 수용할 수 있습니다.
[　　　]

31 학생들이 <u>自發</u>적으로 독서 모임을 조직했습니다.
　[　　　]

32 물가가 오르면 서민들이 <u>家計</u>를 꾸리기 힘듭니다.
　[　　　]

02 다음 漢字의 訓(훈: 뜻)과 音을 쓰세요. (33~61)

보기	字 → 글자 자

33 新 [　　　]　　34 住 [　　　]
35 各 [　　　]　　36 才 [　　　]
37 幸 [　　　]　　38 千 [　　　]
39 育 [　　　]　　40 圖 [　　　]
41 省 [　　　]　　42 題 [　　　]
43 放 [　　　]　　44 第 [　　　]
45 里 [　　　]　　46 老 [　　　]
47 始 [　　　]　　48 庭 [　　　]
49 童 [　　　]　　50 短 [　　　]
51 科 [　　　]　　52 雪 [　　　]
53 川 [　　　]　　54 術 [　　　]
55 班 [　　　]　　56 消 [　　　]
57 淸 [　　　]　　58 書 [　　　]
59 窓 [　　　]　　60 樂 [　　　]
61 紙 [　　　]

03 다음 중 뜻이 서로 반대(또는 상대)되는 漢字끼리 연결되지 않은 것을 찾아 그 번호를 쓰세요. (62~63)

62 ① 工 ↔ 作　　② 敎 ↔ 學
　　③ 心 ↔ 身　　④ 月 ↔ 日
　[　　　]

63 ① 後 ↔ 先　　② 生 ↔ 活
　　③ 手 ↔ 足　　④ 昨 ↔ 今
　[　　　]

04 다음 문장에 어울리는 漢字語가 되도록 (　) 안에 알맞은 漢字를 〈보기〉에서 찾아 그 번호를 쓰세요. (64~65)

보기	① 集　　② 和　　③ 土　　④ 直

64 석회질이 많은 (　　　)地에서는 뽕나무가 잘 자랍니다.

65 아버지께서는 평생 성실과 正(　　　)을 생활신조로 삼아왔습니다.

05 다음 뜻에 맞는 漢字語를 〈보기〉에서 찾아 그 번호를 쓰세요. (66~67)

보기	① 勇名　　② 內弱　　③ 界面　　④ 風力　　⑤ 出戰　　⑥ 來信

66 바람의 힘.　　　　　　[　　　]
67 싸우러 나감.　　　　　[　　　]

06 다음 밑줄 친 漢字語를 漢字로 쓰세요. (68~77)

보기	한자 → 漢字

68 집집마다 <u>대문</u>에 '입춘대길'이라 써 붙였습니다.
　[　　　]

69 <u>교장</u> 선생님께서 새로 오신 선생님을 소개하셨습니다.
　[　　　]

70 우리 <u>부모</u>님은 농사를 지으십니다. [　　　]

71 불교는 우리나라 <u>삼국</u> 시대에 전래되었습니다.
　[　　　]

72 바람이 <u>남동</u>쪽에서 불어옵니다. [　　　]

73 <u>여왕</u>개미의 수명은 5~10년 정도라고 합니다.
　[　　　]

74 자유와 평등은 <u>만민</u>의 권리입니다. [　　　]

75 <u>백군</u>의 함성 소리가 운동장을 가득 메웠습니다.

[   ]

76 나무꾼이 <u>산중</u>에서 호랑이를 만났습니다.

[   ]

77 부모님의 사촌 형제는 나와 <u>오촌</u> 관계가 됩니다.

[   ]

07 다음 漢字의 짙게 표시한 획은 몇 번째 쓰는 획인지 〈보기〉 에서 찾아 그 번호를 쓰세요. (78~80)

보기	① 첫 번째	② 두 번째
	③ 세 번째	④ 네 번째
	⑤ 다섯 번째	⑥ 여섯 번째
	⑦ 일곱 번째	⑧ 여덟 번째
	⑨ 아홉 번째	⑩ 열 번째
	⑪ 열한 번째	⑫ 열두 번째

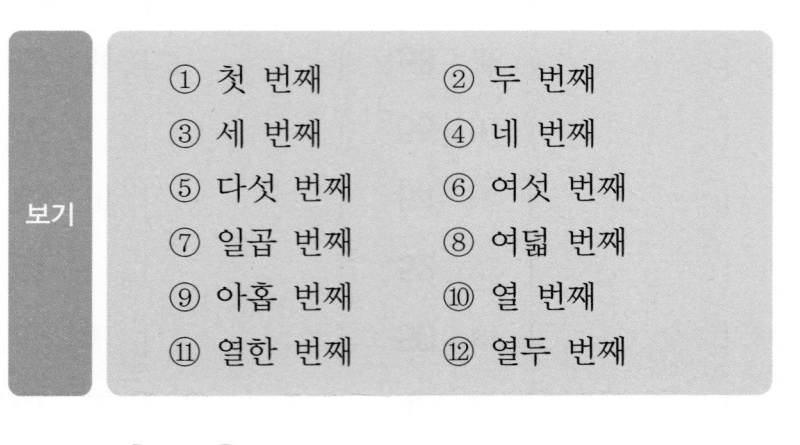

78 村 [   ]

79 登 [   ]

80 秋 [   ]

제102회
2023. 08. 26 시행
(社) 한국어문회 주관·한국한자능력검정회 시행
한자능력검정시험 6급Ⅱ 기출문제
문 항 수 : 80문항
합격문항 : 56문항
제한시간 : 50분

01 다음 밑줄 친 漢字語의 讀音을 쓰세요. (1~32)

보기 ｜ 漢字 → 한자

1 지출을 기록하는 습관은 家計에 도움이 됩니다.

2 그 카페에는 회의를 할 수 있는 조용한 空間이 있습니다. [ ]

3 언론은 사실을 公正하게 보도해야 합니다.
[ ]

4 눈으로 볼 수 있는 光線은 7가지 색깔입니다.
[ ]

5 모든 教育은 가정에서 시작됩니다. [ ]

6 옆집에 여러 번 문을 두드렸으나 對答이 없었습니다.
[ ]

7 어릴 때부터 제 취미는 讀書입니다. [ ]

8 쌍둥이는 同一한 습관을 가진 경우가 많습니다.
[ ]

9 그 사람은 세계적으로 유명한 童話 작가입니다.
[ ]

10 每年 한국을 찾는 관광객이 증가하고 있습니다.
[ ]

11 개화기 때 서양의 과학과 기술 文物이 들어오게 되었습니다. [ ]

12 정치인들은 民心을 얻기 위해 각고의 노력을 기울입니다. [ ]

13 아이가 엄마의 질문에 反問을 했습니다. [ ]

14 다음 주 월요일에 放學이 시작됩니다. [ ]

15 좋은 여행지를 百方으로 알아보았습니다.
[ ]

16 사회는 여러 部分으로 조직화되어 있습니다.
[ ]

17 이 건물은 五角 모양의 창문이 이색적입니다.
[ ]

18 배터리 기술이 전기차 상용화의 成功을 결정짓는다고 합니다. [ ]

19 여러분의 작은 기부가 따뜻한 世上을 만듭니다.
[ ]

20 박수 소리와 함께 공연이 始作되었습니다.
[ ]

21 우리 동네에는 아주 유명한 市場이 있습니다.
[ ]

22 우리 동생은 어릴 때부터 音樂에 재능이 있다고 들었습니다. [ ]

23 지하철 역 자전거는 누구나 利用할 수 있습니다.
[ ]

24 自然을 보존하기 위해 노력해야 합니다. [ ]

25 갑작스러운 기온 변화로 電氣 사용이 급증했습니다.
[ ]

26 문제를 해결하기 위해 全力을 다하고 있습니다.
[ ]

27 여행을 할 때 地圖가 꼭 필요합니다. [ ]

28 명상은 정신을 集中할 때 도움이 됩니다.
[ ]

29 유명 아이돌의 出現으로 주변이 시끄러워졌습니다.
[ ]

30 우리는 平和를 지키기 위해 노력해야 합니다.
[ ]

31 다리를 다쳐서 당분간 活動을 할 수 없습니다.
[ ]

32 대학을 졸업하자마자 會社에 들어갔습니다.
[ ]

02 다음 漢字의 訓(훈: 뜻)과 音을 쓰세요. (33~61)

보기	字 → 글자 자

33 不 [   ]   34 雪 [   ]

35 白 [   ]   36 才 [   ]

37 弱 [   ]   38 直 [   ]

39 身 [   ]   40 高 [   ]

41 第 [   ]   42 足 [   ]

43 土 [   ]   44 語 [   ]

45 有 [   ]   46 發 [   ]

47 里 [   ]   48 夕 [   ]

49 午 [   ]   50 十 [   ]

51 食 [   ]   52 安 [   ]

53 庭 [   ]   54 天 [   ]

55 意 [   ]   56 村 [   ]

57 新 [   ]   58 祖 [   ]

59 時 [   ]   60 子 [   ]

61 紙 [   ]

03 다음 중 뜻이 서로 반대(또는 상대)되는 漢字끼리 연결되지 않은 것을 찾아 그 번호를 쓰세요. (62~63)

62 ① 大 ↔ 小   ② 內 ↔ 外
   ③ 靑 ↔ 草   ④ 昨 ↔ 今
                              [   ]

63 ① 男 ↔ 女   ② 勇 ↔ 信
   ③ 前 ↔ 後   ④ 長 ↔ 短
                              [   ]

04 다음 문장에 어울리는 漢字語가 되도록 (   ) 안에 알맞은 漢字를 〈보기〉에서 찾아 그 번호를 쓰세요. (64~65)

보기	① 歌 ② 戰 ③ 消 ④ 命

64 생태 보존은 전 인류의 運(   )과 관련한 문제입니다.

65 (   )手를 배출하는 경연 프로그램이 인기가 많습니다.

05 다음 뜻에 맞는 漢字語를 〈보기〉에서 찾아 그 번호를 쓰세요. (66~67)

보기	① 明堂 ② 農林 ③ 休業
	④ 形便 ⑤ 淸算 ⑥ 代理

66 남을 대신하여 일을 처리함.   [   ]

67 일이 되어가는 모양이나 경로.   [   ]

06 다음 밑줄 친 漢字語를 漢字로 쓰세요. (68~77)

68 수업이 끝나자 학생들이 교문을 향해 뛰었습니다.
                                           [   ]

69 미국의 남북 전쟁은 1881년에 발발하였습니다.
                                           [   ]

70 우리 형제는 사이가 아주 좋습니다.   [   ]

71 삼촌은 결혼하기 전에 우리 집에서 살았습니다.
                                           [   ]

72 다음 주는 제 스무 번째 생일입니다. [   ]

73 고궁 박물관에는 조선 왕실의 유물들을 전시하고 있습니다.
                                           [   ]

74 언니는 이월에 대학교를 졸업합니다. [   ]

75 우리 형은 장래 희망이 군인입니다. [   ]

76 저는 대학에 입학한 후부터 부모님과 따로 살고 있습니다.
                                           [   ]

77 서산에 해가 지고 있는 모습이 정말 아름답습니다.
                                           [   ]

 다음 漢字의 짙게 표시한 획은 몇 번째 쓰는 획인지 〈보기〉
에서 찾아 그 번호를 쓰세요. (78~80)

① 첫 번째	② 두 번째
③ 세 번째	④ 네 번째
⑤ 다섯 번째	⑥ 여섯 번째
⑦ 일곱 번째	⑧ 여덟 번째
⑨ 아홉 번째	⑩ 열 번째
⑪ 열한 번째	⑫ 열두 번째

보기

78 重   [   ]

79 登   [   ]

80 窓   [   ]

제103회
2023. 11. 11 시행

(社) 한국어문회 주관·한국한자능력검정회 시행
한자능력검정시험 6급II 기출문제

문 항 수 : 80문항
합격문항 : 56문항
제한시간 : 50분

01 다음 밑줄 친 漢字語의 讀音을 쓰세요. (1~32)

보기 | 漢字 → 한자

1 우리 팀은 두 명의 수비수가 공격수를 저지하는 戰術을 쓸 것입니다. [   ]

2 농사를 잘 지으려면 자기 지역의 風土에 알맞은 종자를 선택해야 합니다. [   ]

3 도마 위에서 칼질을 할 때에는 세심한 注意가 필요합니다. [   ]

4 그는 설악산의 地理를 자기 손바닥처럼 환히 알고 있습니다. [   ]

5 이 책은 아이들의 인성 敎育에 유익합니다. [   ]

6 저는 우리 팀이 무리 없이 우승할 것이라고 自信합니다. [   ]

7 우리나라 南海에는 난류성 어종이 풍부합니다. [   ]

8 노모를 모시고 사는 그는 천하에 둘도 없는 孝子입니다. [   ]

9 食堂에는 손님들이 많아 빈자리가 없었습니다. [   ]

10 그들이 준비한 음식은 7명이 먹기에 약간 不足했습니다. [   ]

11 오빠는 케이크를 먹기 좋게 세 等分하였습니다. [   ]

12 병원에서는 전산 시스템을 活用하여 환자들의 기록을 보관합니다. [   ]

13 그 가게를 찾아가는 데 時間이 많이 걸렸습니다. [   ]

14 그 사람은 평소 부모님의 心氣를 잘 헤아립니다.

[   ]

15 경찰의 가장 큰 임무는 公共의 안녕과 질서 유지입니다. [   ]

16 우리 고장은 토지가 비옥하고 水利 시설이 발달하였습니다. [   ]

17 이 항구는 일찍부터 對外 무역이 활발하였던 곳입니다. [   ]

18 지하철과 달리 電車는 지상 위로 운행합니다.

[   ]

19 대형마트는 매월 첫째 주 일요일에 모두 休業합니다. [   ]

20 잠들기 直前에는 음식을 안 먹는 것이 좋습니다.

[   ]

21 나는 은행 窓口 앞에서 내 차례가 되기를 기다렸습니다. [   ]

22 소풍을 간 날은 선선한 바람이 부는 淸明한 가을날이었습니다. [   ]

23 나는 플루트의 고운 音色을 좋아합니다.

[   ]

24 내일 낮에는 中部 지방에 소나기가 예상됩니다.

[   ]

25 이 노래는 특히 젊은 世代에게 폭발적인 인기를 얻고 있습니다. [   ]

26 그 가수는 3년 동안의 空白을 깨고 다시 무대에 섰습니다. [   ]

27 할아버지의 春秋는 올해 여든이십니다. [   ]

28 이 장롱은 전복의 天然 색채를 이용한 자개 공예를 사용했습니다. [   ]

29 이 춤은 動作을 크게 해야 활기차 보입니다.

[   ]

30 영희는 어버이날이면 꼭 부모님께 <u>便紙</u>를 씁니다.
[　　　]

31 우리 집은 <u>祖上</u> 대대로 이 동네에서 살아왔습니다.
[　　　]

32 우리는 그 의원을 찾기 위해 <u>八方</u>으로 수소문을 했습니다. [　　　]

02 다음 漢字의 訓(훈: 뜻)과 音을 쓰세요. (33~61)

보기	字 → 글자 자

33 飮 [　　　]　　34 急 [　　　]

35 幸 [　　　]　　36 成 [　　　]

37 和 [　　　]　　38 弱 [　　　]

39 各 [　　　]　　40 放 [　　　]

41 始 [　　　]　　42 表 [　　　]

43 藥 [　　　]　　44 功 [　　　]

45 角 [　　　]　　46 果 [　　　]

47 新 [　　　]　　48 現 [　　　]

49 消 [　　　]　　50 聞 [　　　]

51 計 [　　　]　　52 童 [　　　]

53 科 [　　　]　　54 形 [　　　]

55 圖 [　　　]　　56 雪 [　　　]

57 光 [　　　]　　58 樂 [　　　]

59 神 [　　　]　　60 線 [　　　]

61 班 [　　　]

03 다음 중 뜻이 서로 반대(또는 상대)되는 漢字끼리 연결되지 않은 것을 찾아 그 번호를 쓰세요. (62~63)

62 ① 夏 ↔ 冬　　② 短 ↔ 長
③ 安 ↔ 平　　④ 昨 ↔ 今
[　　　]

63 ① 正 ↔ 反　　② 家 ↔ 室
③ 入 ↔ 出　　④ 高 ↔ 下
[　　　]

04 다음 문장에 어울리는 漢字語가 되도록 (　) 안에 알맞은 漢字를 〈보기〉에서 찾아 그 번호를 쓰세요. (64~65)

보기	① 會　② 界　③ 身　④ 半

64 철수는 (　　　)體를 단련하기 위해 꾸준히 운동을 합니다.

65 오늘 광화문 광장에서 환경 보호를 촉구하는 集(　　　)가 열렸습니다.

05 다음 뜻에 맞는 漢字語를 〈보기〉에서 찾아 그 번호를 쓰세요. (66~67)

보기	① 庭球　② 內道　③ 才勇 ④ 書記　⑤ 運命　⑥ 發火

66 불이 일어나거나 타기 시작함. [　　　]
67 재주와 용기. [　　　]

06 다음 밑줄 친 漢字語를 漢字로 쓰세요. (68~77)

68 <u>부모</u>의 마음은 어느 자식에게나 다 같은 법입니다.

69 오늘은 <u>선생</u>님께서 단소 부는 법을 가르쳐주셨습니다. [　　　]

70 소방관들은 항상 장비를 점검하며 <u>만일</u>의 사태를 대비합니다. [　　　]

71 앞집 삼 <u>형제</u>는 모두 덩치가 우람합니다.
[　　　]

72 우리 학교의 한자 특강은 모든 <u>학년</u>을 대상으로 합니다. [　　　]

73 우리나라의 <u>동북</u>쪽은 높은 산지로 이루어져 있습
니다. [   ]

74 우리 <u>삼촌</u>은 딸기 농사를 짓는 농부입니다.

[   ]

75 놀이터는 우리집 <u>대문</u> 앞에서 불과 10미터밖에 되
지 않습니다. [   ]

76 아이들 <u>오륙</u> 명이 운동장에 남아서 놀고 있습니다.

[   ]

77 군악대를 앞세운 <u>군인</u>들이 씩씩하게 행진을 합니다.

[   ]

07 다음 漢字의 짙게 표시한 획은 몇 번째 쓰는 획인지 〈보기〉
에서 찾아 그 번호를 쓰세요. (78~80)

보기	① 첫 번째	② 두 번째
	③ 세 번째	④ 네 번째
	⑤ 다섯 번째	⑥ 여섯 번째
	⑦ 일곱 번째	⑧ 여덟 번째
	⑨ 아홉 번째	⑩ 열 번째
	⑪ 열한 번째	⑫ 열두 번째

78 登 [   ]

79 來 [   ]

80 物 [   ]

제104회
2024. 02. 24 시행

(社) 한국어문회 주관·한국한자능력검정회 시행

한자능력검정시험 6급Ⅱ 기출문제

문 항 수 : 80문항
합격문항 : 56문항
제한시간 : 50분

01 다음 밑줄 친 漢字語의 讀音을 쓰세요. (1~32)

보기	漢字 → 한자

1 제가 좋아하는 <u>歌手</u>가 드라마에 출연했습니다.
[   ]

2 제품을 사용하기 전에 <u>注意</u> 사항을 먼저 확인해야 합니다. [   ]

3 화재를 대비해 <u>安全</u> 교육을 실시하고 있습니다.
[   ]

4 유명 작가의 작품이 <u>發表</u>되자마자 베스트셀러가 되었습니다. [   ]

5 우리에게 온 <u>幸運</u>의 기회를 놓치지 말아야 합니다.
[   ]

6 요즘은 <u>便紙</u>를 보내는 사람이 거의 없습니다.
[   ]

7 그 화가는 <u>直線</u>의 아름다움을 표현하는 능력이 탁월합니다. [   ]

8 <u>共同</u>의 관심사가 있는 사람과는 빨리 친해질 수 있습니다. [   ]

9 이상 기후로 멸종하는 <u>動物</u>들이 늘고 있습니다.
[   ]

10 교육 과정이 <u>昨年</u>부터 개편되었습니다. [   ]

11 김 박사는 최근 국제적인 <u>學術</u> 활동을 펼치고 있습니다. [   ]

12 여러 단체에서 <u>農林</u>자원을 보호하기 위해 노력하고 있습니다. [   ]

13 <u>世界</u>에서 가장 아름다운 경치를 보기 위해 사람들이 몰려들었습니다. [   ]

14 작은 집일수록 <u>空間</u>을 효율적으로 활용해야 합니다.
[   ]

15 <u>登山</u>을 취미로 즐기는 젊은 사람들이 많이 늘었다고 합니다. [   ]

16 지역마다 유명한 <u>市場</u>이 있습니다. [   ]

17 도시보다는 <u>自然</u>과 함께 살고 싶습니다. [   ]

18 통화 중에 휴대 전화가 <u>放電</u>되었습니다. [   ]

19 설계 <u>圖面</u>에 맞게 건물을 지어야 합니다.
[   ]

20 오늘 제가 했던 행동을 <u>反省</u>하고 있습니다.
[   ]

21 산업화 이후 <u>分業</u>이 일반화되었습니다. [   ]

22 옛날에는 <u>靑春</u> 영화가 인기가 많았습니다.
[   ]

23 제 동생은 <u>計算</u>을 아주 잘합니다. [   ]

24 저는 <u>作文</u> 실력을 기르기 위해 매일 일기를 씁니다.
[   ]

25 누구에게나 어린 시절의 <u>所重</u>한 추억이 있습니다.
[   ]

26 제가 좋아하는 <u>童話</u>가 영어로 번역이 되었습니다.
[   ]

27 <u>正午</u>가 되면 사람들은 식당으로 향합니다.
[   ]

28 <u>外科</u> 의사가 부족하다는 기사를 읽었습니다.
[   ]

29 자신의 <u>體力</u>에 맞는 운동을 하는 것이 건강에 좋습니다. [   ]

30 외교에서는 국가 간의 <u>對等</u>한 관계 유지가 중요합니다. [   ]

31 잠들기 직전에는 <u>飮食</u>을 먹지 않는 것이 좋습니다.
[   ]

32 <u>教室</u> 안에 웃음이 넘쳐나고 있습니다. [   ]

02 다음 漢字의 訓(훈: 뜻)과 音을 쓰세요. (33~61)

보기	字 → 글자 자

33 果 [   ]　34 家 [   ]

35 神 [   ]　36 始 [   ]

37 急 [   ]　38 球 [   ]

39 內 [   ]　40 光 [   ]

41 名 [   ]　42 來 [   ]

43 新 [   ]　44 王 [   ]

45 成 [   ]　46 子 [   ]

47 記 [   ]　48 立 [   ]

49 窓 [   ]　50 下 [   ]

51 明 [   ]　52 白 [   ]

53 形 [   ]　54 堂 [   ]

55 花 [   ]　56 活 [   ]

57 利 [   ]　58 每 [   ]

59 千 [   ]　60 冬 [   ]

61 今 [   ]

03 다음 중 뜻이 서로 반대(또는 상대)되는 漢字끼리 연결되지 않은 것을 찾아 그 번호를 쓰세요. (62~63)

62 ① 男 ↔ 女　　② 和 ↔ 戰
　　③ 住 ↔ 里　　④ 心 ↔ 身
　　　　　　　　　　　　[   ]

63 ① 左 ↔ 右　　② 老 ↔ 少
　　③ 前 ↔ 後　　④ 土 ↔ 地
　　　　　　　　　　　　[   ]

04 다음 문장에 어울리는 漢字語가 되도록 ( ) 안에 알맞은 漢字를 〈보기〉에서 찾아 그 번호를 쓰세요. (64~65)

보기	① 足　② 集　③ 祖　④ 才

64 전 세계의 시선을 (   )中시킬 만한 기술이 개발되었습니다.

65 가정교육이 祖(   )하다는 지적이 있습니다.

05 다음 뜻에 맞는 漢字語를 〈보기〉에서 찾아 그 번호를 쓰세요. (66~67)

보기	① 藥草　② 方道　③ 入口
	④ 代理　⑤ 勇氣　⑥ 現金

66 씩씩하고 굳센 기운.　　　　　　[   ]

67 일에 대한 방법과 도리.　　　　　[   ]

06 다음 밑줄 친 漢字語를 漢字로 쓰세요. (68~77)

68 바다를 지키는 <u>군인</u>을 해군이라고 합니다.
　　　　　　　　　　　　　　　　[   ]

69 어릴 때부터 <u>선생</u>이 되는 것이 꿈이었습니다.
　　　　　　　　　　　　　　　　[   ]

70 이 다리는 <u>남북</u>으로 길게 연결되어 있습니다.
　　　　　　　　　　　　　　　　[   ]

71 우리 학교에 <u>교장</u> 선생님께서 새로 오셨습니다.
　　　　　　　　　　　　　　　　[   ]

72 제 친구는 <u>육일</u> 만에 6급 한자를 다 외웠습니다.
　　　　　　　　　　　　　　　　[   ]

73 할머니께서는 <u>대문</u>을 활짝 열어 놓고 우리들을 기다리십니다.　　　　　　　[   ]

74 <u>오월</u>에는 기념일이 아주 많아서 바쁩니다.
　　　　　　　　　　　　　　　　[   ]

75 우리 <u>형제</u>는 얼굴 생김새뿐만 아니라 좋아하는 것도 비슷합니다.　　　　[   ]

76 저는 어릴 때부터 우리 <u>삼촌</u>과 아주 친했습니다.
　　　　　　　　　　　　　　　　[   ]

77 모든 자식들은 부모의 희생과 사랑으로 자랍니다.

[   ]

07 다음 漢字의 짙게 표시한 획은 몇 번째 쓰는 획인지 〈보기〉
에서 찾아 그 번호를 쓰세요. (78~80)

보기	① 첫 번째	② 두 번째
	③ 세 번째	④ 네 번째
	⑤ 다섯 번째	⑥ 여섯 번째
	⑦ 일곱 번째	⑧ 여덟 번째
	⑨ 아홉 번째	⑩ 열 번째

78 孝 [   ]

79 風 [   ]

80 海 [   ]

【제97회】기출문제(63p~64p)

1 신문	2 이과	3 화초	4 음식
5 공중	6 세계	7 출발	8 성공
9 가정	10 수술	11 동창	12 도형
13 전선	14 이용	15 체육	16 주입
17 좌우	18 각자	19 농사	20 용기
21 주민	22 반대	23 분반	24 작업
25 대표	26 장소	27 시간	28 산수
29 도내	30 조상	31 성명	32 공공
33 밝을 명	34 뜻 의	35 나타날 현	36 재주 재
37 살필 성 | 덜 생	38 몸 신	39 어제 작	
40 믿을 신	41 살 활	42 집 당	43 뿔 각
44 실과 과	45 모을 집	46 약 약	47 비로소 시
48 셀 계	49 이제 금	50 급할 급	51 사라질 소
52 놓을 방	53 귀신 신	54 다행 행	55 바람 풍
56 빛 광	57 모일 사	58 그럴 연	59 맑을 청
60 약할 약	61 즐길 락 | 노래 악 | 좋아할 요	62 ③	
63 ③	64 ① 正	65 ④ 安	66 ⑤ 車主
67 ② 等外	68 父女	69 軍人	70 七月
71 四寸	72 火山	73 十年	74 土木
75 東西	76 兄弟	77 生日	78 ⑦
79 ⑧	80 ①		

【제99회】기출문제(68p~70p)

1 차선	2 오색	3 심기	4 방면
5 시발	6 대립	7 유력	8 목초
9 전술	10 자연	11 가구	12 읍내
13 편지	14 해도	15 명백	16 동리
17 인형	18 신세	19 식물	20 주의
21 외래	22 농촌	23 등장	24 수천
25 문집	26 임도	27 표현	28 작동
29 이용	30 방수	31 상체	32 전구
33 기 기	34 집 당	35 기를 육	36 살 주
37 할아비 조	38 즐길 락 | 노래 악 | 좋아할 요	39 뿔 각	
40 겨울 동	41 무리 등	42 공평할 공	43 각각 각
44 나눌 반	45 눈 설	46 빛 광	47 다행 행
48 들을 문	49 사라질 소	50 살필 성 | 덜 생	51 노래 가
52 무거울 중	53 공 공	54 귀신 신	55 글 서
56 뜰 정	57 재주 재	58 급할 급	59 지경 계
60 다스릴 리	61 날랠 용	62 ③	63 ①
64 ① 平	65 ③ 地	66 ④ 所信	67 ① 分業
68 學校	69 三寸	70 南東	71 父母
72 教室	73 萬一	74 先生	75 九月
76 青年	77 山中	78 ⑦	79 ②
80 ⑧			

【제98회】기출문제(65p~67p)

1 차도	2 독서	3 동물	4 전기
5 소문	6 세계	7 행운	8 지도
9 평화	10 천재	11 심신	12 반성
13 식사	14 화초	15 유리	16 현대
17 집중	18 작가	19 농업	20 창문
21 시장	22 산수	23 풍토	24 효자
25 동일	26 인간	27 과연	28 광명
29 금년	30 음악	31 주민	32 직선
33 목숨 명	34 노래 가	35 새 신	36 힘 력
37 수풀 림	38 날랠 용	39 심을 식	40 몸 체
41 아이 동	42 저녁 석	43 믿을 신	44 뜰 정
45 눈 설	46 맑을 청	47 필 발	48 높을 고
49 놓을 방	50 쉴 휴	51 일백 백	52 비로소 시
53 늙을 로	54 가을 추	55 뜻 의	56 가르칠 교
57 지아비 부	58 할아비 조	59 모일 사	60 부을 주
61 사라질 소	62 ④	63 ③	64 ②
65 ①	66 ⑥	67 ②	68 女軍
69 三寸	70 生日	71 山水	72 王室
73 兄弟	74 學校	75 六十	76 七月
77 父母	78 ⑦	79 ⑩	80 ⑥

【제100회】기출문제(71p~73p)

1 형제	2 국립	3 휴일	4 해풍
5 공간	6 회계	7 천재	8 성공
9 농촌	10 대리	11 도면	12 동창
13 음악	14 전력	15 편리	16 주민
17 매사	18 성명	19 수학	20 시작
21 시장	22 식물	23 식후	24 전화
25 정색	26 백만	27 지방	28 직선
29 공공	30 청명	31 각계	32 활용
33 집 가	34 빛 광	35 집 당	36 목숨 명
37 나눌 분	38 눈 설	39 그럴 연	40 스스로 자
41 꽃 화	42 높을 고	43 군사 군	44 움직일 동
45 나눌 반	46 글 서	47 때 시	48 있을 유
49 싸움 전	50 아이 동	51 들을 문	52 메 산
53 사라질 소	54 새 신	55 기를 육	56 실과 과
57 필 발	58 남녘 남	59 길 도	60 수풀 림
61 아홉 구	62 ②	63 ④	64 ③
65 ①	66 ⑥	67 ②	68 五月
69 教室	70 一生	71 四寸	72 母女
73 校門	74 十年	75 土山	76 東西
77 先王	78 ③	79 ⑨	80 ⑤

【제101회】 기출문제(74p~76p)

1 표현	2 신화	3 공용	4 기분
5 사업	6 초당	7 전대	8 과연
9 반수	10 유선	11 전체	12 명기
13 부하	14 대답	15 각형	16 고조
17 반어	18 광년	19 화급	20 도리
21 운명	22 소문	23 성공	24 약수
25 식음	26 편리	27 주의	28 평등
29 공동	30 구장	31 자발	32 가계
33 새 신	34 살 주	35 각각 각	36 재주 재
37 다행 행	38 일천 천	39 기를 육	40 그림 도
41 살필 성 | 덜 생		42 제목 제	43 놓을 방
44 차례 제	45 마을 리	46 늙을 로	47 비로소 시
48 뜰 정	49 아이 동	50 짧을 단	51 과목 과
52 눈 설	53 내 천	54 재주 술	55 나눌 반
56 사라질 소	57 맑을 청	58 글 서	59 창 창
60 즐길 락 | 노래 악 | 좋아할 요			61 종이 지
62 ①	63 ②	64 ③ 土	65 ④ 直
66 ④ 風力	67 ⑤ 出戰	68 大門	69 校長
70 父母	71 三國	72 南東	73 女王
74 萬民	75 白軍	76 山中	77 五寸
78 ⑦	79 ⑥	80 ⑦	

【제103회】 기출문제(80p~82p)

1 전술	2 풍토	3 주의	4 지리
5 교육	6 자신	7 남해	8 효자
9 식당	10 부족	11 등분	12 활용
13 시간	14 심기	15 공공	16 수리
17 대외	18 전차	19 휴업	20 직전
21 창구	22 청명	23 음색	24 중부
25 세대	26 공백	27 춘추	28 천연
29 동작	30 편지	31 조상	32 팔방
33 마실 음	34 급할 급	35 다행 행	36 이룰 성
37 화할 화	38 약할 약	39 각각 각	40 놓을 방
41 비로소 시	42 겉 표	43 약 약	44 공[功] 공
45 뿔 각	46 실과 과	47 새 신	48 나타날 현
49 사라질 소	50 들을 문	51 셀 계	52 아이 동
53 과목 과	54 모양 형	55 그림 도	56 눈 설
57 빛 광	58 즐길 락 | 노래 악 | 좋아할 요		
59 귀신 신	60 줄 선	61 나눌 반	62 ③
63 ②	64 ③ 身	65 ① 會	66 ⑥ 發火
67 ③ 才勇	68 父母	69 先生	70 萬一
71 兄弟	72 學年	73 東北	74 三寸
75 大門	76 五六	77 軍人	78 ⑤
79 ⑥	80 ⑦		

【제102회】 기출문제(77p~79p)

1 가계	2 공간	3 공정	4 광선
5 교육	6 대답	7 독서	8 동일
9 동화	10 매년	11 문물	12 민심
13 반문	14 방학	15 백방	16 부분
17 오각	18 성공	19 세상	20 시작
21 시장	22 음악	23 이용	24 자연
25 전기	26 전력	27 지도	28 집중
29 출현	30 평화	31 활동	32 회사
33 아닐 불/부	34 눈 설	35 흰 백	36 재주 재
37 약할 약	38 곧을 직	39 몸 신	40 높을 고
41 차례 제	42 발 족	43 흙 토	44 말씀 어
45 있을 유	46 필 발	47 마을 리	48 저녁 석
49 낮 오	50 열 십	51 밥/먹을 식	52 편안 안
53 뜰 정	54 하늘 천	55 뜻 의	56 마을 촌
57 새 신	58 할아비 조	59 때 시	60 아들 자
61 종이 지	62 ③	63 ②	64 ④
65 ①	66 ⑥	67 ④	68 校門
69 南北	70 兄弟	71 三寸	72 生日
73 王室	74 二月	75 軍人	76 父母
77 西山	78 ⑥	79 ⑥	80 ⑥

【제104회】 기출문제(83p~85p)

1 가수	2 주의	3 안전	4 발표
5 행운	6 편지	7 직선	8 공동
9 동물	10 작년	11 학술	12 농림
13 세계	14 공간	15 등산	16 시장
17 자연	18 방전	19 도면	20 반성
21 분업	22 청춘	23 계산	24 작문
25 소중	26 동화	27 정오	28 외과
29 체력	30 대등	31 음식	32 교실
33 실과 과	34 집 가	35 귀신 신	36 비로소 시
37 급할 급	38 공 구	39 안 내	40 빛 광
41 이름 명	42 올 래	43 새 신	44 임금 왕
45 이룰 성	46 아들 자	47 기록할 기	48 설 립
49 창 창	50 아래 하	51 밝을 명	52 흰 백
53 모양 형	54 집 당	55 꽃 화	56 살 활
57 이할 리	58 매양 매	59 일천 천	60 겨울 동
61 이제 금	62 ③	63 ④	64 ②
65 ①	66 ⑤	67 ②	68 軍人
69 先生	70 南北	71 校長	72 六日
73 大門	74 五月	75 兄弟	76 三寸
77 父母	78 ④	79 ⑥	80 ⑤

87

한자능력검정시험
기출·예상문제집 6급 II

발 행 일 | 2024년 8월 10일
발 행 인 | 한국어문한자연구회
발 행 처 | 한국어문교육연구회
주   소 | 경기도 남양주시 다산순환로 20 B동
           3층 34호(다산현대 프리미엄캠퍼스몰)
전   화 | 02)332-1275, 031)556-1276
팩   스 | 02)332-1274
등록번호 | 제313-2009-192호
I S B N | 979-11-91238-69-3   13700

정가 15,000원

공|급|처    푸른하늘   T. 02-332-1275, 1276 | F. 02-332-1274
           www.skymiru.co.kr